相手の心をしっかりつかむ

プロフェッショナル電話力

話し方聞き方講座

恩田昭子 Akiko Onda

日本実業出版社

まえがき

私は人前で話すことがとても苦手でした。それは、社会人となって30年以上たった今も変わりません。だからこそ、電話の仕事を選んだのかもしれません。顔が見えない電話であれば、面と向かってよりも気楽に話すことができる、と思ったのです。

しかし実際は、電話応対は顔が見えないからこそ、相手に対する細やかな配慮や思いやり、つまり「心」が大切になってきます。人柄のよさや、やさしさ、頭のスマートさ、そして技術の求められる、むずかしい、だからこそ魅力のある仕事なのです。

私は、大好きな電話の仕事に就いたお陰で、電話の活用法を修得し、それをビジネスのために有効活用してきました。そして、その中で得たノウハウを独り占めするのではなく、多くの人と共有し、みんなでビジネス電話の価値を高めていきたいと願っています。

この本はこれから電話応対を学びたいという人はもちろんですが、「基本応対はもう修得した」という方にこそ、ぜひ読んでもらいたいと思っています。

「基本応対」とは、入社して半年くらいで修得する技術ですが、本書では「その上」のテクニック、つまり応用力・機転力を発揮し、成果を出すための受け答えについて中心に解説しています。ベテランのリーダークラス以上の人にとっても、本書で紹介するテクニックを活用した会話ができるようになれば、想像以上に強力な武器になるでしょう。

また本書では、今では電話と比較しても、その重要度や効果は肩を並べているにもかかわらず、驚くほど企業による教育機会の少ない「メール」についても解説しています。

メールは、自分のパソコンでのやり取りになるので、誰にも間違いを指摘してもらえません。また、一度送信してしまったメールは取り戻すことができないというのも、怖いところです。

しかし、本書で解説しているメールの正しい活用法を知っておけば、何も恐れる必要はありません。自信をもってメールに向き合うことができるようになるはずです。

電話もメールも、不思議と話しただけで、また文面を読んだだけで「この人に会ってみたい」と思わせる力があります。このような印象を与える電話やメール活用ができれば、ビジネスパーソンとしても一流です。そして、そのレベルに至るカギこそが本書で紹介する電話とメールのテクニックなのです。

本書が、みなさんのビジネスの飛躍につながることを願ってやみません。

2009年9月

恩田　昭子

Contents

プロフェッショナル電話力 話し方 聞き方 講座

3章

ホンネの電話！「アプローチ」の極意

4章 ホンネの電話！「話す」極意

5章 ホンネの電話！「聞く」極意

7章

「プロ」のメール　基本と応用テクニック

装丁／冨澤 崇　本文DTP／ムーブ（武藤孝子）

1章

No.1プロが教える電話の基本心得

1-1 電話に正しいルールなんかない！

マニュアルがつねに正しいとは限らない

決められたマニュアルどおりに対応しているのに、あるいは本に書いてあった電話のマナーどおりに応対したのに、相手が怒りはじめたという経験はありませんか？

これは、私にいわせてもらえば、当然のことです。

例えば、すでに何度も電話をしたことがあり、旧知のはずなのに、**「お電話ありがとうございます。○○商事法人営業部、第二担当□□です」**とばかていねいにゆっくりと、いかにもマニュアルそのままの対応をされると、相手としてみれば「そんなことわかってるから、早くつないでくれ！」となってしまうでしょう。

相手の置かれている状況によっては、**ルールどおりの対応がイライラを生む原因になってしまうことがある**のも、間違いなく確かなことです。

ビジネスにおける電話の基本は、相手の状況、要望にいかに臨機応変に合わせることができるかです。ときにマナーやルールを無視してでも、会話をスムーズに終わらせ、相手に満足してもらいさえすれば、目的は達成されるのです。

「電話」は生きもの

最近では、相手の気分を害してクレームになることを恐れるあまり、「ていねいに」「敬語を使って」「余計なことはいわない」「いわなければならない点は忘れずに」といった型どおりの会話しかできなくなってしまっている人が多くいます。

これでは生きた会話になるわけがありません。

急いでいる人には簡潔に、余裕のありそうな人にはていねいに、初めての人には丁重な言葉遣い、近しくなった人には親しみを込めてざっくばらんに。こうした臨機応変な応対ができてこそ、プロなのです。

社会人になりたての新人のうちはマニュアルも大切です。これが基本であることは確かです。しかし、ある程度の経験を積みはじめたら、**マナーに縛られるのではなく、時と場合によって対応を変化させる**ことが必要になるのです。

「電話は生きもの」です。相手や状況次第でつねに変化し、一つとして同じシチュエーションはありません。型にはまったマニュアルが万能の力を発揮するほど甘いものではありません。

1-2 電話応対に本当に期待されているもの

相手のことをまず第一に考える

基本的には、ビジネス電話において期待されていることは、**いち早くつなぎ、用件をスムーズに終える**ということだけです。

ところが、たったそれだけのシンプルなことを忘れてしまうがために、多くの電話応対はうまくいかないのです。

例えば、取引先から緊急の用事の電話があって、こちらの担当者が外出中で、しかも帰社時刻が未定だとします。

マニュアルどおりの対応しかできない人は、おそらく「**ただいま担当者が外に出ておりまして、戻り次第急いで連絡させますので**」などと木で鼻をくくったような対応をしてしまうはずです。これでは、相手が怒りはじめるのも当然です。相手は急を要しているのです。それがどんな重大事につながるかわかりません。

こうした場合の正しい対応は、まず代わりに用件に対応できる人が社内にいないか確認し、もしいなければ担当者の携帯にかける。出なければ、相手に「いつまでなら待てるのか」の期限を聞き、その時間内でできるだけの対応をとるようにする。それが無理そうなときは……と**何段がまえにも相手の要求に応える対策をとる**ことです。

それを「**いま、いません。本人が帰ってきたら電話させます**」では、プロの応対とはいえません。

基準は「ありがとう」といってもらえるかどうか

大事なのは、その応対のしかたがマニュアルに載っているかどうかではなく、相手のためになるかどうかです。

「お客様第一」という言葉は、どんなマニュアルにもお題目のように載っていそうですが、その真意がどこにあるのかが、読み飛ばされてしまっているようです。

私の会社では、電話の仕事を「THANKFUL JOB」と位置づけています。

つまり電話は、「ありがとうと感謝されるのが仕事」であり、**「ありがとう」といわれる回数が顧客満足度のバロメーター**と考えています。

もし、応対に迷うことがあったら、それがマニュアルに載っているかどうかより、相手に「ありがとう」といってもらえるかどうかを基準に考えるべきです。

1-3 時間感覚をシビアにもつ

待つ側と待たされる側の時間感覚の差は6倍

ビジネスにおける電話の**最大のサービスは、スムーズさ**です。

一刻も早く用件をすませることが、ビジネスにおける電話の最大の価値だということは、自分が顧客の立場になったときに誰もが感じることでしょう。

多くの企業ではCS（顧客満足度）の中で、「待たせないこと」をとくに重要視していますが、それもこの表れでしょう。

そこで大切になるのが、シビアな時間感覚です。

私たちの時間感覚は、人によって、立場によって、または状況によってかなり異なります。

例えば、取り次ぎ電話は、必ず**「少々お待ちください」**といわれてしばし待つことになります。

このとき、待たせる側は平気で10秒ぐらいは待たせてしまうものですが、待たされる側は10秒を超えるとイライラしはじめ、1分を超えようものならもう怒り心頭になりかねません。

「たかが1分」と思うかもしれませんが、待つ側の人は実際の3倍ぐらいの時間を待たされたと感じるそうです。

しかも、待たせる側は、実際の2分の1くらいにしか感じないというのです。

つまり、待つ側と待たせる側の時間感覚の差は、およそ6倍にもなります。

「少々お待ちください」は30秒以内

ですから、電話応対をする人はシビアな時間感覚をもっていなければいけません。

マニュアルに「コール音が鳴ったら3回（約10秒）以内に出るのが基本」と書いてあるのも、現場感覚からでしょう。

また、プロの応対を身につけるためには、時間に関する言葉の使い方一つとっても、シビアに考える必要があります。

例えば、**「折り返しお電話を差し上げます」**の「折り返し」に要する時間も、自分だけの感覚でルール化している人がかなり多いと感じます。中には、半日待たせても平気な人もいます。

■時間に関する言葉のプロ基準

- 「お待たせしました」➡ ４コール以上
- 「少々」➡ ３０秒以内
- 「しばらくお待ちください」➡ １分以内
- 「少しお時間よろしいでしょうか」➡ ３分くらい
- 「すぐに」「ただちに」➡ ５分以内
- 「折り返し」➡ ５分以内
- 「のちほど」➡ ３０分以内
- 「後日」➡ ２日以内

しかし、**「折り返し」は遅くとも5分以内。これがプロの現場の常識**です。

先入観と感覚で覚えている電話応対のルールを、上記の一覧表を参考にプロの基準で覚え直しましょう。

冒頭に述べたように、電話の最大のサービスはスムーズさです。

たとえ昼休みであったとしても、10回以上もコールして出なければ、「なんて杜撰《ずさん》な会社なんだ」と思われるでしょう。

1-4 「電話の質」を高める3つの考え方

プロに不可欠な3つの考え方

マニュアルに振り回されて、その場しのぎの応対をしている人と、プロのレベルの電話応対をしている人とでは、考え方に大きな違いが見られます。

応対がプロのレベルにある人は、以下の3つについて、つねに考えています。

これから電話応対をプロのレベルまで引き上げたいという人は、ぜひこうした考え方をもつようにしてください。

①つねに顧客にプラスをもたらす応対を考えている

電話応対の満足度は顧客が決めるもの。応対者が「これで十分」と思っていても、**お客様が「不足」と感じたら、その応対は見直す必要がある**ということです。

「これでお客様も満足するはず」という思い込みは捨てましょう。さらに相手が「得した」「助かった」「電話してよかった」という余韻を感じてくれれば、それは最高の応対だったということです。

②営業マインドをもつ応対を考えている

自社製品の受注やサービスの契約につながる応対をすることが、ビジネス電話の本来目指すところです。

たとえ販売や契約に関わっていない人であっても、**自分の応対がどうしたら「営業効果」をもたらすことができるのか**を考えてみるべきです。

少なくとも、自社製品やサービスについては、営業の人と同等レベルの商品知識や業務知識をもつことです。また営業をサポートできるように、営業担当のスケジュールを把握しておくことも大切です。

③電話の効果的な活用を考えている

「電話だからできる」ことがある、という視点をもちましょう。

例えば、営業担当者にアポイント取りから訪問、フォローまですべてお任せにしていませんか。事前のアポイントメントやフォローなどは、電話なら内勤者でもできるはずです。

このように「電話だからできること」が職場にはいっぱいあるはずです。

こうした視点をつねにもつことが、プロの電話応対者の考え方です。

1-5 上級者の電話応対を支える5つの力

プロの応対の根底にある力とは?

電話業務に必要なスキルは、受信業務、発信業務において多岐にわたります。また、自分の仕事の内容によって求められるものも微妙に異なります。ただし、その根底において必要とされる能力は共通しています。

私が電話のプロとして必要であると考える能力は、次の5つです。

①「聞き取る力」

聞くというと、相手の話にただ耳を傾ければいいように思われますが、その場で受け答えが必要な電話応対では、**相手のいいたい真意を聞き取る力が必要**になります。

聞き取る力とは、いわれたことを受身で聞くのではなく、相手の真意を探るための質問をしながら、会話を主導的に進めていく積極的な力です。

②「伝える力」

電話は伝えたいことを話すためのビジネスツールです。「話す力」ではなく、あえて

「伝える力」としたのは、ビジネスの会話では、いいたいことを一方的にいうのではなく、**相手にしっかり内容が伝わっているか**、が重要だからです。相手がきちんと耳を傾けて話題に反応してくれるような話し方が、「伝える」ための前提条件です。

③「質問力」

仕事を進める上で、情報量は当然、結果に反映します。その情報を探り、**相手が何を話したがっているのかを正しくとらえる**ためには、的確に聞き出すことが必要です。そのためには、相手の心を開き、話の内容を深めるための質問力がモノをいいます。

④「察知力」

電話で的確な応対をするには、相手の言葉以外の情報（声のトーン、大きさ、背後の音など）を感じ取り、「急いでいるようだった」「赤ちゃんの声がした」など、状況を素早く察知することが求められます。相手が見えず言葉が頼りである電話応対では、**さまざまな情報を読み取る感度をもち、即座に返していく**力が必要です。

⑤「判断力」

聞き取ったさまざまな情報を整理し、即答を求められる電話応対では、その都度正しい判断が求められます。自分で判断できずにいちいち周囲に確認しながらの会話だと、時間がかかるばかりか、相手の不安感を募《つの》らせることになります。

2章

電話の威力を100%引き出すテクニック

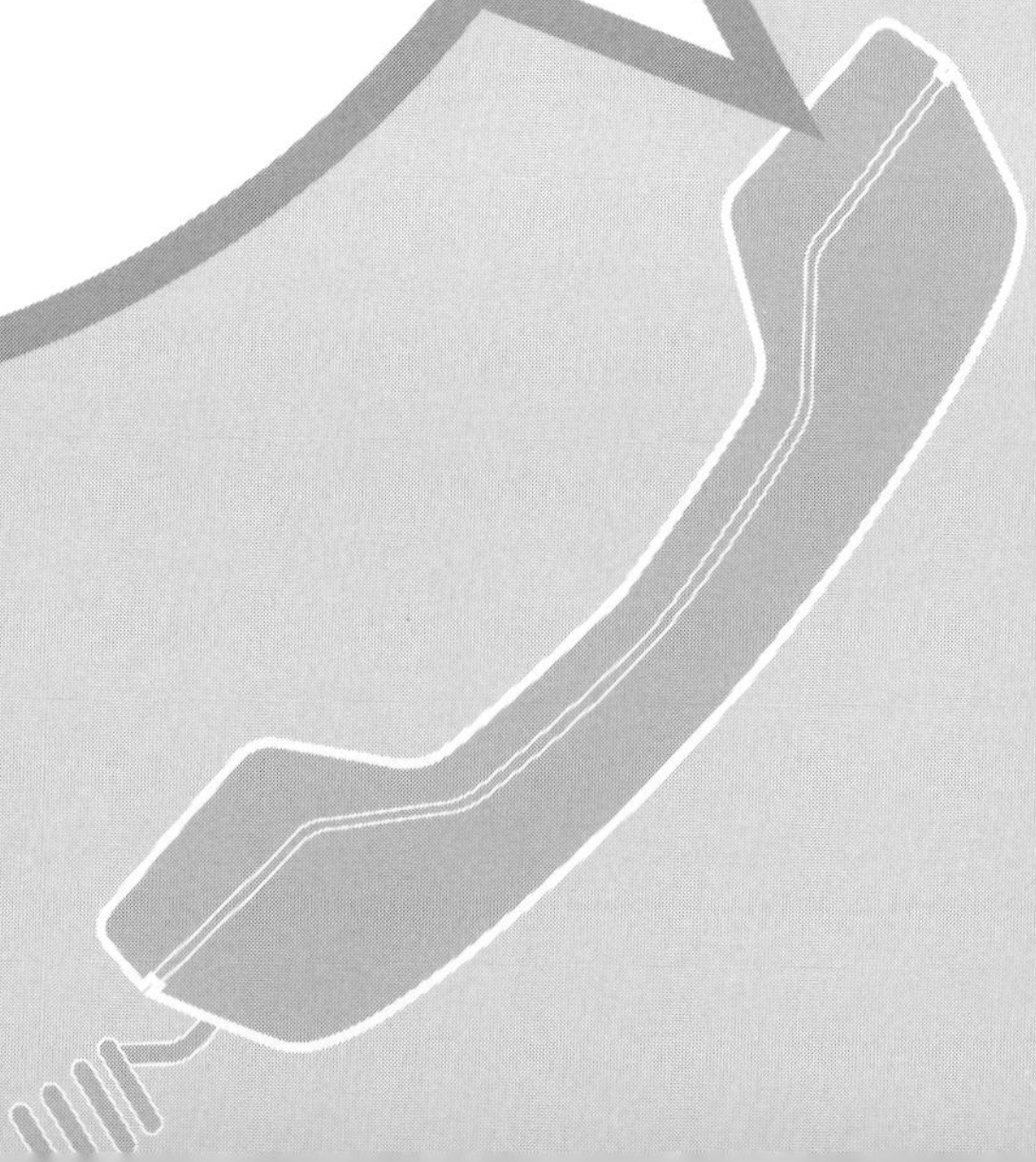

2-1 テクニックは最低限知っておきたい

テクニック偏重は御法度《ごはっと》だが……

この章では、本当の意味での「電話力」を身につけるために、最低限知っておきたい会話のテクニックを解説します。

もちろんテクニック偏重になることは好ましくありませんが、プロレベルの「電話力」を身につけるには、やはり話をうまく運ぶための「会話のテクニック」は、覚えておく必要があります。

ただし、テクニックを使う際に一つ注意してほしいことがあります。

それは**電話の相手の「心理」をよく理解する**ことです。「相手の心を思いやる気持ち」をもつことといってもいいでしょう。

テクニックに振り回されないための心構えとは?

どんな高度なテクニックも、相手の気持ちを考えて使わなければ、まったく効果がありません。それどころか「丸め込もうとしているな」と、逆に不快感を与えることにもなるでしょう。

それではテクニックを使う上で、具体的にはどのようなことに気をつければいいのでしょうか？　それは、次の2点に集約されます。つまり、

①相手中心の会話にすること
②相手の問題解決につながる会話にすること

です。いかにテクニックを身につけて、巧みな会話を展開しても、**ビジネスにおける電話の主役はあくまで相手**。相手中心の会話をし、要望や意見を積極的に聞かなければ、結局、成果にはつながりません。

いかにテクニックを覚えて、思うとおりに話を進めても、こちらばかりが話しているのでは意味がないのです。

また、そこで進める会話は、「商品の売り込み」「クレーム対応」などのビジネス上の問題を解決するためのものでなくてはいけません。テクニックを覚えたての人はこの2点をついつい忘れがちになりますので、注意しましょう。

2-2 「質問」はプロの電話の基本

「質問」の効果を把握する

ビジネス電話における「質問」は、相手の話に出てくる営業のヒントをきっかけに、その糸口をさらに展開して**核心に迫っていく**ために使われます。**会話の主導権を自分のものにする**という効果もあるでしょう。

私自身、営業をはじめたばかりの頃は、質問一本槍でした。その結果、相手のニーズを聞き出す力や課題抽出力が養われたと実感しています。営業入門としては、「まずはとにかく質問する」というのがおすすめです。

質問は、疑問やわからないことを確認するためにあると思いがちですが、それだけではありません。質問には次のような効果があるのです。

①情報の収集

「やはり今年の主力はA商品ですか？」「従業員数はどれくらい増えたんですか？」

②気づきを促す

「人手による作業ですと人件費がかさみますね？」「毎月のメンテナンスに10万円もかかるんですね？」

③提案する

「サンプルをお使いいただき、ご意見をお聞かせいただけませんか？」「毎月のコストを20％も削減できる商品ですが、ご興味はありませんか？」

④ニーズ確認

「ご希望は何ですか？」「どのようなことでお困りですか？」

⑤クロージング

「ご予算はどのくらいですか？」「納品を急ぐようでしたら、今週末に契約ということでいかがでしょうか？」

他にも良質な質問は、相手の気持ちを活性化させて会話を盛り上げ、本心を探ってニーズを引き出し、ひいては、たとえソリューションを提供できない場合でも、負の連鎖を断ち切るきっかけにもなります。

ビジネス電話では、**質問を繰り返しながら、相手にできるだけ多く話してもらう**ことが大切です。電話を極めていくには質問力を鍛えることは必須なのです。

質問をするにも相手への気配りを

ただし、相手の顔が見えない電話の場合、わけても知らない人からの電話であれば、「迷惑にならない質問をする」配慮が必要です。

最初から核心に近づきすぎてもいけないのです。

例えば、まだ取引のないA社の昨年の年商額を知りたいときに、いきなり「**昨年の年商はいくらでしたか**」とぶしつけに質問すれば、誰でも抵抗感をもちます。それを、「**昨年は一昨年に比べ、どれくらいの伸びだったのですか**」という聞き方に変えるだけで抵抗感はぐっと下がるのです。

また、こんな質問は相手に失礼ではないかと、**こちらに躊躇があるときも決してうまくいかない**ものです。こんなときは最初の質問を、次項で紹介するような「イエス」「ノー」で答えられるクローズ質問にすると切り出しやすくなります。

つまり、電話での質問では、相手との関係性や距離によって適度な間合いをとり、それによって質問のしかたを変えていく臨機応変さが求められるのです。もちろん、そのためには質問のテクニックを覚え、バリエーションを増やしておくことも必須です。

2-3 クローズ質問とオープン質問を使いこなす

相手のタイプによって質問のしかたを変える

電話の相手にも様々なタイプの人がいます。自分から進んで話してくれるざっくばらんな人、反対に口の重い人……。

こうした人たちに対応していくには、同じ質問をするにしても、タイプによって方法を変えていく必要があります。

その使い分けの代表的なテクニックとして、「オープン質問」と「クローズ質問」というものがあります。

これは相手の口数によって使い分けるもので、積極的に話してくれるタイプの人には「オープン質問」、口数が少ない人には「クローズ質問」が効果的であるとされています。

クローズ質問とオープン質問の違い

まず、口数が少ない人に質問をする場合には、クローズ質問が向いています。

これは「お買い上げいただいたのは昨日ですか？」のように**「はい」「いいえ」で答えられる質問のこと**です。

クローズ質問では、お客様に求める答えは原則的に「はい」「いいえ」の端的な表現ですみます。そのため口下手な相手にも負担をかけず、会話が手際よく進むので、**スピーディーにクレームなどの詳細を明確にしたいときには最適**です。

しかし、相手にとって気の乗らない質問がつづくと、いつの間にか会話がストップすることもあるので注意が必要です。

それに対して「オープン質問」は、「具体的にはどのような内容でしょうか？」というように、お客様に**自由にかつ具体的に話してもらうことを目的にする質問方法**です。

この方法は、質問に答える側にストレスはかかりませんが、対応する側が質問をコントロールしないと時間がかかりすぎたり、論点がずれる可能性があるので注意が必要です。

しかし答える側の自由度が増すので、本音や意見を聞き出すときなどには有効です。

もちろん、この2つはどちらか一方だけを選ばなければいけないということではなく、組み合わせて使ってもかまいません。例えば、クローズ質問で会話が滞ってきたら、いったんオープン質問に切り換える。オープン質問で話が長くなってきたら、クローズ質問にするなど、場面に応じて使い分けるようにすれば、さらに効果的です。

■クローズ質問とオープン質問の違い

クローズ質問

あなた▶「パソコンの調子が悪いということですね？　処理速度が遅くなった感じですか？」

相　手▶「はい、そうです」

あなた▶「何かいつもと違う操作をなさいましたか？」

相　手▶「いいえ、とくに」

あなた▶「最近、ソフトのアップデートなどなさいましたか？」

相　手▶「はい、それはしました」

あなた▶「それが原因かもしれませんね」

オープン質問

あなた▶「パソコンの調子が悪いということですね。具体的にはどのように調子が悪いのでしょうか？」

相　手▶「なんかパソコンが急に重くなったんです」

あなた▶「どのような操作をしたことで重くなったのですか？」

相　手▶「普段と変わらないと思うんだけど。ただ最近ソフトをアップデートしました」

あなた▶「それが原因かもしれませんね」

2-4 相手の話を具体化する「ナビゲーション話法」

5W3Hで正確に素早く要点を把握する

ビジネスにおける電話の役割とは、お客様の用件をよく聞き、お客様が何を求めているかを理解することです。しかし、実際にこちらに余裕がないとき、とくに激しいクレーム電話などの場合、会話が支離滅裂になりがちで、相手の話を正確に把握することが困難だったりします。

こうした場合に重宝するのが、ナビゲーション話法です。ナビゲーション話法とは、5W3Hにしたがって、**相手の話の具体的な内容を聞き出す話法**のこと。話の内容を正確に素早く把握でき、相手も話しやすくなるテクニックです。

ここでいう「5W3H」とは具体的には以下のようなものです。

誰が（Who：出席者など関わった人物・主人公）……「D社の佐々木部長が」

いつ（When：日にちや時刻）……「明日の午前10時に」

どこで（Where：実施場所や集合場所）……「N社にうかがったときに」

何を（What：用件や主題になるモノ）……「自社の新商品Eを」

なぜ（Why：どうしてそうなったのか理由・原因）……「ぜひおすすめしたいため」

いくつ（How many：個数・数量・モノの数）……「100個」

いくらで（How much：コスト・金額・予算）……「5万円のものを」

どのように（How to：用件や出来事の方法、解決策など）……「ご提案したいのでアポイントをお願いしたい」


もちろん、毎回これら全部を聞くということではありません。

用件のなかに、必ず聞いておかなければいけない内容があるはずです。それをこの5W3Hにしたがって整理し、質問するのです。例えば、クレーム対応においてまず第一に聞かなければいけないのは、当然クレームの内容です。

購入したドライヤーが不良品だったというケースなら、

「**申し訳ありませんでした。いつ頃、どこのお店でお求めになった商品でしょうか？**」

「**不具合が見つかったのはいつ頃でしょうか？**」

「**どのような状態で動かなくなったのでしょうか？**」

と順を追って確認していくのです。その際、注意したいのは、決して**尋問のように高圧的な雰囲気で聞かない**ことです。

2-5 相手の答えをコントロールする「誘導質問」

質問で断りにくい雰囲気をつくる

誘導質問は、**相手にイエスをもらいたいときに使う**手法です。

例えば、どうしても自分の都合でアポイントを取りたいときに、みなさんはどのような尋ね方をしているでしょうか？

「○月○日はいかがでしょう？」

などと聞いてはいないでしょうか？

これは、賢い聞き方とはいえません。これでは相手に「その日がいいか悪いか」という判断を聞く言い方になっています。

すると相手が「なんとなく面倒だ」と思えば、すぐに**「その日はちょっと……」**と答えられてしまうでしょう。つまり、ノーが出やすい聞き方になっているのです。

「○月○日におうかがいしてもよろしいでしょうか？」

という表現も同様です。これも「いいか悪いか」の判断を仰ぐ言い方になってしまっており、アポイントをどうしても取りたいときには適切ではありません。

事実について質問する

ではどのように聞けばいいかというと、

「○月○日はいらっしゃいますか?」

と聞くようにするといいのです。こう聞けば「相手がその日にいるのかいないのか」という単純な事実についての質問になります。そう聞かれれば、とっさに嘘をつく人もいないでしょうから、いる場合には「います」と答えるでしょう。

そこで、すかさず「では、**その日の何時ぐらいがご都合よろしいでしょうか?**」と聞けば、もうアポイントはその日に決定です。

このように**相手が「いいえ」といいにくい質問を積み重ねていく**のが、誘導質問の基本テクニックです。他にも、こちらで前提をつくってしまうという方法もあります。

例えば、「**ご購入するにあたって、不安な点はございますか?**」

などと質問すれば、さりげなく「購入する」という前提をつくることができます。

相手も会話が進んでいくうちに、自然にこちらのペースに巻き込まれて、前向きに「購入する」気持ちになっていくでしょう。

2-6 印象を柔らかくする「肯定話法」

耳ざわりがグッとよくなる肯定話法

肯定話法とは「無理・ない・できない」などの否定的な印象を与える言い方を肯定的にいい換える、もしくは肯定的なフレーズをつけ足すことで**印象を和らげる**話法です。

即答を迫られる電話応対では、「ありません」「わからない」「できない」「いません」という否定的な表現をしがちです。しかし、

「人気商品のため、もうございません」

「あいにく担当が留守で、ちょっとわかりません」

といった表現は、自分ではていねいにいっているつもりでも、相手を突き放しているような、否定的で不親切な印象を与えてしまいます。

「〜ません」という表現は、どうしても感じが悪く聞こえがちなのです。

「肯定表現」＋「提案」

もちろん、ないものを「ある」といったり、わからないものを「わかる」といってはいけませんが、できるだけ肯定的に聞こえる表現に置き換える努力は必須。「ありません」ではなく「あいにく現在、**品切れになっておりますが……**」、「わかりません」ではなく「**判断がつきかねますので〜**」と肯定的な表現にいい換えることが大切です。

その上で、**相手の要求に応える提案をつけ加える**ことができれば万全です。例えば、

「**ご注文の商品は、大変人気がございまして、あいにく品切れになってしまいました。1週間以内には入荷する予定ですので、入りましたらすぐにこちらからご連絡をさせていただいてもよろしいでしょうか？**」

「**申し訳ありません。私では判断がつきかねますので、担当者が戻り次第、本日16時までにはご連絡を差し上げます**」

などのように、相手に好印象を与えるプロの応対は「肯定表現＋提案」。これが鉄則になります。

2-7 長所を印象づける「マイナス・プラス法」

長所は後ろにもってくる

「マイナス・プラス法」とは、マイナス要因とプラス要因を同時に相手に話したときに、**プラスの印象を強く残す**会話の手法です。

実際の商談では、こちらのすすめるサービスや商品について、長所ばかりではなく、短所も述べなくてはならないことがあります。

その際、相手に短所よりも長所の印象をより強く残したい場合、マイナス情報を先に述べて、**プラス情報で会話を締めくくる**ようにすると、プラス情報が結論として相手に印象づけられるので効果的です。

実際に、2つの例を見てみましょう。

A「**今度の自動車保険は、どんな事故への補償も完璧ですが、お値段は多少高くなります**」

B「今度の自動車保険は、お値段は多少高くなりますが、どんな事故への補償も完璧です」

どうでしょうか。

この2つの例は、同じ内容について順番を換えて述べているだけですが、Bの例のほうが、よりプラス面が強調されて聞こえるはずです。

この例からもわかるように、マイナスのことがあったらそれを先にいうこと。そして、そのあとでプラスのことを話すのが鉄則です。

マイナス・プラス法は応用範囲が広い

これは、「重要なこと」と「それほどでもないこと」、「相手に覚えておいてほしいこと」と「そうでもないこと」などを同時に話す場合でも同じです。

相手に知っておいてほしいこと、重要なことは、できるだけ最後の結論にもってくるように会話を組み立てる、ということです。

これが相手にプラスの印象を残し、伝えたいことを相手の記憶に残すための基本の話法になります。

2-8 いいにくいことに添える「クッション言葉」

クッション言葉は「大人の言葉遣い」

クッション言葉とは、依頼・断り・謝罪などのフレーズに添えることで、**印象を和らげて不快感を抑える**役目をする言葉です。これを使うと、相手にとって受け入れやすい印象になります。「大人の言葉遣い」としてぜひ身につけておきたいものです。

例えば、次の例を見てみましょう。

A「どのようなご用件ですか」

B「**恐れ入りますが、どのようなご用件ですか**」

AとBでは同じ意味であっても、聞く側からすると受け取り方がまったく違ってきます。

あなたがAのようにいわれたら、どんな感情をもつでしょうか。確かに用件を伝えるのは当然かもしれませんが、いかにも冷たい口調で反感を感じるのではないでしょうか。

それに対してBは、最初に「恐れ入ります」というクッション言葉が入っているために、ずいぶん印象が柔らかくなります。

こちらからお願いする場面、何かを断らなければいけない場面、謝らなければいけない場面など、いいにくい場面では、ぜひこうした表現が自然に出るようにしたいものです。

クッション言葉には、他にも次のようなものがあります。

①**お詫び**……「**申し訳ありません**」「**失礼しました**」「**ご迷惑をおかけしました**」

②**感謝**……「**ありがとうございます**」「**恐れ入ります**」「**お世話になりました**」「**貴重なご意見ありがとうございました**」「**今後の参考にさせていただきます**」

③**断り**……「**申し訳ありません**」「**大変失礼ですが**」「**申し上げにくいのですが**」「**残念ですが**」「**偉そうに聞こえたら申し訳ありません**」

④**共感**……「**おっしゃるとおりです**」「**ご事情お察しいたします**」「**ご心配ですね**」

大切なのは思いやり

もちろん、ただクッション言葉を使えば、気持ちが伝わるというものではありません。

相手に対する温かい心配りがあってはじめて、クッション言葉はクッションの役割を果たすのです。「**申し訳ありませんが**」「**恐れ入りますが**」などといいながら、相手のことを考えない無茶な要求ばかりしていては、NGなのです。

基本は「相手の心を思いやる気持ち」です。

2-9 指示や要求には「依頼形話法」

相手への配慮を表現する話法

ビジネスの会話では、「してください・しないでください」といった命令口調はＮＧです。たとえこちらの要求や指示が正当なものであっても、威圧的に聞こえ印象が悪くなってしまいます。

これは「**ご伝言をお願いします**」「**戻り次第ご連絡いたしますので、お電話番号を教えてください**」などという表現であっても同様です。ストレートな命令口調よりはていねいですが、これでもまだビジネスの会話では命令口調の一種。相手によってはキツい印象をもってしまうものなのです。

ですから、もし相手に対して、指示や要求を伝えたいときは「**していただけませんでしょうか？**」と依頼する言い方にすること。これを、依頼形話法といいます。

これだけで相手に与える印象を、グッとソフトにすることができます。

例えば、

×「**明日の会議の時間が変更になりましたので、ご伝言をお願いします**」
○「**明日の会議の時間が変更になりましたので、ご伝言をお願いできませんでしょうか?**」
×「**戻り次第ご連絡いたしますので、お電話番号を教えてください**」
○「**戻り次第ご連絡いたしますので、お電話番号を教えていただけませんでしょうか?**」

このように、「**~お願いします**」「**~教えてください**」という表現を避け、「**~お願いできますか?**」「**~教えていただけませんでしょうか?**」と相手の都合を尋ねる言い方にすることで、相手への配慮が表現でき、よりソフトな言い方になるのです。

これは、ぜひとも日常的に使えるようにしておきたいテクニックです。

ただし、この言い方を本当に緊急を要する場合に使うと、悠長に聞こえることがあります。そうした場合には、あえて「**すぐに手配してください!**」と命令形を使ったほうがいいでしょう。

2-10 相づちの基本「オウム返し」

オウム返しはゆっくりと

「オウム返し」とは、みなさんご存知のように、**相手のいった言葉をそのまま繰り返す**ことです。

耳慣れた言葉ですが、じつはこれが非常に有効な聞き方の手法なのです。

人は、自分のいったことをそのまま相手が繰り返してくれると、「私の話をしっかり聞いてくれている」「私の主張をわかってくれている」と感じ、安心感をもちます。これが会話を円滑に運ぶための原動力にもなるのです。

とくにクレーム対応で相手が興奮しているときなどは、**「落ち着いて話してください」**などと頼むのはむしろ逆効果です。自分のペースで話を進めながら、相手の興奮を抑えるには「オウム返し」が最適です。

お客様「おたくの店、混みすぎてまったく買い物ができなかったわよ。ひどいんじゃない

の。もっとやり方があったでしょう」
あなた「混みすぎて、まったく買い物ができなかったということですね」
お客様「特別バーゲンの日だったら、混むのはわかっているでしょう」
あなた「特別バーゲンの日でしたか。配慮が足りなくて申し訳ありませんでした」
お客様「しかも、子供連れだったのよ」
あなた「お子様連れでございましたか。それでは、なおさらご迷惑をおかけしました」

このようにオウム返しに返事をしていき、最後にこちらが**「今後の課題とさせていただきます。貴重なご指摘ありがとうございました」**といえば、相手もいいたいことはすべて伝え終えた満足感もあるので穏便に終わります。

オウム返しの効果をより高めるための大切なポイントは、**できるだけゆっくり話すこと**です。

興奮している相手は、とかく早口です。

しかし、相手の言い方や言い分に反応しすぎず、こちらがゆっくりと落ち着いて話せば、相手も話すペースを落とし、感情も少しずつ落ち着いてきます。会話自体も次第にこちらのペースに導いていくことができるでしょう。

オウム返しで相手も話しやすくなる

オウム返しには、こちらの聞き取りをより確実にするという効果もあります。

電話の受け答えは、内容がきちんと整理された話を聞くような場面だけではありません。漫然と聞いているだけでは、結局なんの話だったのかわからなかった、ということも多々あるでしょう。

しかし、意識的にオウム返しをしていくと、相手も話しながら考えが自然と整理されてまとまってきます。**相手のいいたいことを上手に聞き取る**方法としても、かなり効果的な手法であるといえるでしょう。

シンプルなオウム返しができるようになったら、今度は相手の話の要点を整理してオウム返しができるようになると、さらにいいでしょう。こうすれば、さらに相手は話しやすくなります。

また、そうすることで、相手もこちらがただ相づちを打っているのではなく、話を理解しながら聞いているということを確認できます。

2-11

ワンランク上をすすめる「アップセリング」

成果に直結するテクニック

アップセリングとは、相手の検討しているものより、**ランクの高い商品やサービスを販売するためのテクニック**のことです。

とくに購入・買い替え・契約更新時などに、相手の希望する商品と同種で、より販売単価や利益率の高い上級の商品を提案することは、顧客あたりの単価上昇につながりますから、成果に直結します。

こうした手法は、通信販売などの電話窓口では、かなりメジャーなテクニックです。

実際、私が以前からほしかった「スープメーカー」を通信販売のカタログで発見し、電話で注文しようとして品切れだったときも、すかさず次のような言葉が相手から飛び出してきました。

「実はメーカーは違うのですが、スープとあわせておかゆも作れる商品があります。お

値段は少しお高いのですが、使って喜んでいただけるのはこちらだと思います、今ちょうど、お試しキャンペーン中なので特別価格でご提供しております」

こうすすめられて、私は結局、こちらの上級モデルを買うことにしました。相手のアップセリングのうまさの勝利です。もちろん、私が通販好きだったこともありますが。

相手の要望にそえない場面をチャンスに変える

ビジネスの場面では、相手の要望にぴったりそえない場合が少なくありません。

こんなときこそ、「もう一つランクが上の商品・サービスをすすめるチャンスだ」と考えてみましょう。お客様の要望を満たしながら、売上げアップをもたらすアップセリングは、通販だけではなく、保険の契約、自動車の販売、ひいては建売住宅のような高額なものにまで使える手法です。ぜひ試してみてください。

ただし、一つだけ注意点があります。使いやすいアップセリング手法も、一歩間違えると「押し売られた」と思われてしまうことです。

そう思われないためにも、あくまで**「お客様のためになる」こと**、**「お役に立てる」という姿勢**で商品をすすめることが鉄則だということを覚えておいてください。

2-12 セットですすめる「クロスセリング」

あわせて他の商品をすすめてみる

クロスセリングとは、相手が検討している商品やサービスに**関連する別の商品やサービスを同時にすすめる**テクニックです。

購入・買い替え・契約更新時に、その商品・サービスに関連する商品の販売や契約を同時に提案することは、売上げ全体の向上につながります。

このテクニックは、パソコン周辺機器の販売を考えるとわかりやすいでしょう。

電器店でパソコンを購入しようとすると、一緒にプリンターやインターネットの契約を次のようにすすめられますよね。

「**現在、N社の光回線**にご**契約**いただくと、パソコンの**代金**をさらに**割り引き**することができます。せっかく**本体**を新しく**買い替える**のですから、ネット**回線**もそれにふさわしいものにしてはいかがでしょうか?」

これがクロスセリングという手法です。

もっと身近な例でいうと、ファーストフード店でハンバーガーをたのむと、**必ず一緒にポテトや飲み物をセットですすめられる**のもこの手法です。

相手は「知らない」のかもしれない

電話応対でも、この手法を使わない手はありません。

1回の通話をより効果的に使うことを考え、相手の検討中の商品と組み合わせることで、相手がより便利になると思われる商品やサービスを積極的にすすめてみましょう。

相手は、意外にこちらの会社の商品やサービスについて情報を持ち合わせていないもの。つまり、「知らないから買おうとしない」のかもしれないのです。

そこで、「あなたの買った商品に、この商品を組み合わせるとさらに便利」という情報を与えることは、それだけで大きな販売チャンスを生み出すことになります。

それは、すでに取引先である相手でも同様です。

まだ紹介していない商品があれば、関連商品についての案内を改めてするようにしてみましょう。

2-13 反論の基本「イエス・バット法」

まずは相手の言い分を肯定する

イエス・バット法とは、相手の否定に対して、それをいったん受け入れ、「しかし」で切り返していく営業話法です。

人は肯定的な言い方を好む傾向があります。いきなり言い分を否定されると、それだけで聞く耳をもってもらえなくなったりします。そこで、まずは**いったん相手の言い分を肯定し、受け入れやすい環境をつくる**のです。

この切り返し話法を覚えれば、相手の断りの返事に対しても、以下のように会話をつないでいくことが可能になります。

相　手「いいとは思うけど、値段が高すぎるよね」

あなた「そうですね、確かに高いとお感じになられるかもしれません。 しかし、この**商品が高いのは、他の商品にはない品質をもっているからなんです。お使いいただけれ**

ばきっとご満足いただけるはずですから、結果的に見ればけっしてお高くはないと思いますよ」

「営業は断られてからはじまる」とよくいわれますが、実際、電話営業でも返ってくる返事は「間に合っている」というリアクションがほとんど。そこで有効なのがこのイエス・バット方式のテクニックなのです。

営業の電話をかけることが多い人には、必須のテクニックといえるでしょう。

少し高度なテクニック

イエス・バット法は、相手の反論をかわしながら、いわば食い下がる手法です。

それだけに、相手にしてみれば、「断ったのにしつこい」と感じる人もいるかもしれません。

こうした反応を防ぐためには、イエス・バット法で相手の反論をかわしたあとに、**関連した質問を投げかける**という少し高度なテクニックもあります。

つまり、反論をかわしながら相手に考えさせ、「しつこい」という印象をもたれる前に、別の意識にもっていくのです。

こうすれば、以下のようにさりげなく相手とのキャッチボールをつづけることができます。

お客様「いいとは思うけど、この掃除機、値段が高いよね」

あなた「そうですね、確かに高いと感じられるかもしれません。しかし、このお値段でも、この商品は一番の人気商品なのです。

失礼ですが、お客様は掃除機で階段の掃除をなさったことはありますか？」

こうした**「お客様が具体的にイメージできる」質問を投げかける**ことで、相手が商品の必要性に思い当たるようになってくれれば、営業には新たな展開が見えてきます。

営業は、いかに相手の状況や考え方を聞き出し、それを解決する提案をできるかで勝負が決まります。

つまり、こちらの主張を通すだけではなくて、質問によって相手のニーズをどんどん引き出し、それにそった形で商品をすすめることが大切なのです。

それには、相手の反論を受け流すだけでなく、あわせてニーズを引き出すことができるこの手法はうってつけです。

2-14 相手の言葉を切り返す「ブーメラン法」

相手の言葉をそのままこちらの主張の根拠にする

ブーメラン話法は、相手の断りの理由などを、そのままこちらが商品をすすめる根拠にして話を進める話法です。相手は断りの根拠を失う形になりますから、自然と「イエス」といわざるを得なくなるのです。

例えば、以下はコーヒーマシンのメーカーの営業担当者とお客様の会話です。

「私どものコーヒーマシンをご利用いただくと、本格的な味のエスプレッソを営業マンでもスイッチオンで簡単に自分で入れられます。来客のたびに、他の忙しい社員の手を煩わせることもありませんから、効率的でスマートな対応ができると思います」

「ちょっと予算的に余裕がないよ」

「予算に余裕がないとおっしゃるお客様にこそおすすめしたいのです。このコーヒーマシンですと、1杯あたり20円のコストです。1日のご利用数が約100杯と聞いておりま

すから1日当たり2000円。人件費の効率化を考えますとかなりお得だと思いますが」

自分のいった断りの言葉をそのままの形で投げ返されると、相手は「でも」とすぐに否定することができません。まさしく相手の言葉がブーメランのように相手自身に戻っていくわけです。

威圧感をもたれないように

うまく使うことができれば、相手に「ノー」とはいわせないほどの威力があるこのテクニックですが、一つ注意点があります。

それは、この話法は相手が反論しにくい形をとるだけに、**こちらの主張を一方的にまくしたててしまう形になりかねない**ということです。そうなると、今度は相手に威圧感を与えてしまいます。

それを防ぐためには、相手のメリットになる点を明確にして、「あなたのためなんです」という姿勢をつねにもちながら提案していくことです。

販売することに必死になり、この姿勢を忘れてしまうと、どんな鮮やかな主張を展開しても、それは「押し売り」になってしまいます。

2-15 話をそらす「話題転換法」

話を変えて事態を打開する

話題転換法とは、それとなく話題を変えて、自分に有利な方向に話を導いていくテクニックです。主に、相手の話の矛先《ほこさき》をかわして断りを乗り越えたり、相手がこちらの話に興味を示さない場合に、興味のありそうな話題に転換して話に引き込むのに使われたりします。

例えば、以下は自動車の営業マンが話題転換法を使った場合の例です。


「やっぱりちょっと高いなあ……」

「ところで冬はスキーには行かれますか？」

「毎年行くんだよね」

「どちら方面ですか？」

「白馬とかだね」

「私も好きでよく行くんですよ。この車の後部座席は、イスをたたむと、スキー板などを積むのにぴったりなように設計されていてですね……」

このように、相手の興味を引くような話題に転換することで、行き詰まった営業にも新たな展開が見えるようになるのです。

関連のある話題への転換が大切

ただし、当然のことながら、話をどんなふうに転換させてもいいわけではありません。

例えば、相手の「**商品のよさはわかるけど、効果が見えにくいよね**」という言葉に、「**ところで、お知り合いの方で誰か使っていませんか？**」など、まったく関連のない質問をしたりすれば、「何をいいたいのかわからない」と困惑されて逆効果にもなります。

ポイントは、本題からそれ過ぎないこと、できれば**商品の利点にさりげなくつながるような話題に転換する**ことです。これは、やってみるとわかりますが、かなり高度なテクニックです。

しかし、うまく使えば硬直した商談を打開するための強力な武器にもなりますので、ぜひチャレンジしてみてください。

2-16

「いらない」原因を突破する「問題点解消法」

営業手法の基本中の基本

問題点解消法は、応対法としてはオーソドックスなものかもしれません。

これは、相手が「買わない」「いらない」という原因について、「それを解消しますから、いかがですか？」とすすめる方法で、まずはこのアプローチから入るのが営業の王道といえるでしょう。

例えば、クーラーの購入を検討している相手が、取り付け工事日について引っかかっている場合であれば、以下のように対応するのが、問題点解消法です。

「ご希望の工事日に調整ができればとのことでしたら、こちらも現場と直接掛け合いまして、ご希望どおりの日時に工事ができるようにいたしますので、いかがでしょうか」

このテクニックは、購入するのに障害となっている**問題点を根本的に取り除く**ことを前提に話を進めますから、確実性ではこれ以上のものはありません。

もしこの方法がとれるようなケースならば、まず採用したい話の進め方です。

知識を深めて使いこなす

問題点解消法は、確実性の高い話の進め方ではありますが、現実には相手の抱えている問題点には、こちらが解消できることとできないことがあるでしょう。

商品の値段が気になっている相手に、「**今回は特別に半額でご提供いたしますので、一度お試しになってはいかがですか？**」といえたら、それで話はうまく進むでしょうが、現実にはそのようなことがつねにできるとは限りません。

その意味で、このテクニックを使うには、こちらの「できること・できないこと」を判断する力も必要です。

それにはまず、商品知識を深めること。商品販売についてどこまでの対応がとれるのか、工事日の指定に融通がきくのかなど、社内の仕組みも押さえておかなくてはなりません。

そうした意味で、このテクニックは基本でありながら、**より深く使いこなすには、それ相応の熟練が必要である**といえます。

2-17 お客様の決断を後押しする「事例活用法」

お客様は他人の感想に頼っている

私たちは、ほしいものを買うときに、商品の情報収集をし、価格を比較し、じっくり考えて決めているかといえば、必ずしもそうではありません。

毎日、仕事であれ家庭生活であれ、判断しなくてはならないことだらけで、一つひとつの決定に多くの時間を割くことはできないのです。そんな忙しい現代人にとって、**手っ取り早い決定基準になっているのが、他人の感想や評判**です。

「顧客満足度ランキングナンバーワン」などのキャッチコピーが宣伝広告に見られるのは、企業がこうしたお客様の心理を熟知しているからです。

広告を見た人は「ずいぶん評判がいいわね。やっぱりいい商品なのかしらね」との印象を抱くだろう、ということでこうしたコピーを出しているわけです。

ここで紹介する事例活用法もまた、そうした他人の感想や評判などの事例を引き合いに出すことで、会話の説得力を増す話法です。

他人の評判を示して説得力を増す

事例活用法の一例を具体的に示してみましょう。

「私のお客様も、先月初めてご利用になって以来、とても便利に使っていただき、『もっと早く使えばよかった』とおっしゃってくださっています」

このように他でうまくいっている事例を紹介すると、お客様の気持ちに大きな影響力をもちます。「実際に使っている人もそういっているし……」と考えはじめるわけです。

こうした他人の評判や感想などの事例を示すことは、とくにお客様が**購入を決めかねているときの最後の一押し**に有効な決定打になります。

また、事例活用法の応用として、こちらがお客様にいいたいことを、他人の事例で代弁させるという方法もあります。

パソコンの販売員が「**パソコンをはじめるのは早いほうがいいですよ**」といえば売るための方便ともとられがちですが、「**『パソコンを早くはじめてよかった』という人が圧倒的に多いんですよ**」といえば、説得力もより増しますし、反感ももたれないでしょう。

2-18 長い話をわかりやすくする「ホールパート法」

複雑な話を簡潔にまとめる

ホールパート法とは、会話を「導入・全体（WHOLE）―本論・詳細・部分（PART）―まとめ・結論（WHOLE）」の要領で段階を踏んで話す手法です。

ビジネスの中では、文章構成法やプレゼンテーションにもっともよく使われる手法ですが、電話で簡潔に伝える手法としても最適です。

忙しい相手や、忙しい時間帯に、「えーと」「次に」「それから」がつづく整理されていない話を長々されると、相手はイライラするばかりか、「時間泥棒」といわれかねません。

話が込み入っていて伝えたい項目が複数ある場合は、この手法を使ってわかりやすく簡潔に話をまとめるようにしたいものです。

具体的には、**最初にいいたいことを数え上げて、概要をシンプルに伝えてから、詳細な内容に入り、最後に結論をもう一度まとめる**、という手順で話を進めます。

■ホール・パート法の具体例

WHOLE：導入・全体
来月発売予定のスープメーカーの特徴を、お得意様だけに事前にお知らせいたします。特徴は大きく３つございます。
PART：本論・詳細・部分
１つ目は、野菜をサイコロ状に切って３０分で完成する早業《はやわざ》仕上げ。 ２つ目は、スイッチを押すだけのシンプル操作。 ３つ目は、コーヒーサーバー方式のお手入れ簡単洗浄方式です。
WHOLE：まとめ・結論
この３つの特徴で毎日快適なシンプルスープ生活がはじまります。これで野菜不足も解消、嬉しい楽しいラクラク健康情報です。

WHOLE：導入・全体

「今日お話ししたいことは3つあります。まず、1つ目は……、2つ目は……、3つ目は……」

PART：本論・詳細・部分

「最初に1つ目の特徴からくわしくお話ししたいと思います……。次に2つ目の特徴についてですが……。そして3つ目の特徴については……」

WHOLE：まとめ・結論

「以上、1つ目は……ということ。2つ目は……ということ。3つ目は……ということです。3つの特徴についてそれぞれご連絡させていただきました」

この手法を使うと、聞き手としては、冒頭で項目数を明確に示されることで話の道筋を推測でき、とてもわかりやすくなります。

しかし、その分話し手には、話したい内容を簡潔にまとめる力が求められるため、とっさに実行するには意外に力のいる手法ともいえます。自信がない場合は、あらかじめメモを準備をして臨むといいでしょう。

2つの「ホール」にメリハリをつける

このホールパート法で一つ注意したいのが、とくに売り込みなどで使う場合、おなじWHOLE部分でも、**はじめの「導入・全体」はさらりと、最後の「まとめ・結論」は具体的にする**というメリハリが必要だということです。

あまりはじめに具体的すぎる話をされると、その時点で「わかったわかった。もういいよ」という拒否反応を起こしがちだからです。こうした拒否反応を予防するためにも、「導入・全体」では、時間をかけすぎないようにしましょう。

ただ反対に、「まとめ・結論」では、だめ押しをするぐらいのつもりで、じっくりと具体的な数値などを交えて力強く話す必要があります。締めくくり方で、売り込みの成否も大きく左右されます。終わりだからといって気を抜くことなく、一層気合いを入れて臨む必要があります。

2-19 視覚も併用する「資料活用法」

電話に「視覚」を利用する

資料活用法とは、相手の手元にあるＤＭ、資料・写真・サンプル・Ｗｅｂなどを電話と併用することで、より話に説得力をもたせるテクニックです。

説得のための材料を具体的に示すことができるので、相手の迷いや不安を除く方法としてはうってつけです。

この手法を使う場合、あらかじめ資料や数値などのデータやサンプルの写真などをメール送信して、それを見てもらう方法や、お互いにパソコン画面を見ながら、会話を進める方法などがあります。

もちろん、ＤＭを送って、それをフォローするという従来の方法も健在です。ＤＭの場合、到着した頃（３日～１週間以内）が有効な期間ですから、タイミングを逃さないアプローチが必要です。

その際、相手が「ＤＭに目を通していない」といっても、すぐにあきらめるのは早すぎます。まずはひととおり話をして「あとでDMもご覧になってください」というように案内すればいいでしょう。この場合、**相手に開封を迫るようなトークは逆効果**です。

これらの方法はいずれも、時間の効率やコストの観点から比較すると、まさに直接会って打ち合わせをするのと同等以上の効果が生み出せます。

建築予定の物件や住宅の販売など、電話一本で商談を完結できにくい高額商品の場合でも、こうした視覚を用いた対応をすることで、面談にまでもっていきやすくなります。

相手の目の速度を想像しながら話す

資料などを見てもらいながらの説明や会話は、資料に目を通す**相手のようすやスピードを感じながら行なう**ことが大切です。例えば、

「まずA物件ですが、10階建てです。メールに添付した1番目の画像を見てください。外壁は白で、とてもお洒落な概観です。そのうちの5階から7階にまだ空きがあります。広さは……」

あくまで相手に合わせ、ゆっくりとていねいに話を進めるようにしましょう。

また、時折「**何かわかりにくいことはございませんか？**」などと、相手が話についてきているのかを確認し、**相手の理解度を測りながら会話を進める**ことも欠かせません。

2-20 セールスポイントを引き立てる「比較話法」

商品のプラス要素を膨らませる話法

顧客が商品を買おうと決めるときの原動力となるのは、「便利そう」「快適そう」「楽しそう」といった、その**商品によって得られるプラスの要素**。

そのプラス要素をアピールするのに効果を発揮するのが「比較話法」です。

わかりやすい例でいえば、よくあるダイエット商品の「使用前」と「使用後」の対比です。つまり、「2つのものを比べる」ことで、「えっ！　そんなにすごいの？　そんなに速く!?　そんなに安いの？」という驚きや感動まで与えるわけです。

その比較話法をうまく使いこなすための要点は次のとおりです。

①差異を明確に伝える

「いわれてみれば、そうかもしれない」程度では、ピンときません。その差が際立っていればいるほど説得力が増します。金額、重さ、大きさなどを旧型や同業他社製品との比較で示すといいでしょう。

「今お使いの旧製品と比べて、年間3万6000円の経費削減効果があります」

②ポイントを押さえた比較

比較の効果は、どこをどう比べるかで説得力が異なります。「相手にどこをもっともわかってもらいたいか」というポイントに絞って比較することです。

「3年前の製品に比べ消費電力は約30％減、サイズはコンパクトになり約半分なので場所を選びません」

③同じ条件で比較

比較は、同じ条件下で行なうことが前提です。環境、規模、利用状況等が異なれば、その効果も当然異なります。

「同じ個数を生産させてもらえれば、私どもはA社製品より15％お安くできます」

④イメージしやすい身近なものと比較

「ボクシングのリングと同じくらいの広さ」といわれても、ピンとくる人はまれでしょう。しかし「だいたい6畳のスペースと同じくらいです」「携帯電話の大きさ」といわれれば、すぐにイメージがわくでしょう。

「弊社の新製品は、だいたい携帯電話の半分の重さで3分の1の大きさ、同種の製品の中では現在もっともコンパクトです」

2-21 会話の印象を変えるマジックフレーズ

マジックフレーズは先手で使う

マジックフレーズとは、相手への尊敬や思いやりの気持ちをつけ加え、会話全体をソフトに和らげる効果がある魔法の言葉です。

いいにくいお願いをしたり、相手に断りの電話をするときは、なかなかストレートには口にできないもの。そのような話の前・途中・後に、このマジックフレーズをつけることで会話全体の印象がガラリと変わります。

マジックフレーズは**相手を尊敬する思いが根底にある**言葉です。

ですから、相手に合わせてこうした言葉を使うのではなく、相手よりも先手で使うことが大切。そうすることで、「私はあなたを尊敬してます」という思いがより伝わり、結果としていいにくいことや無理なお願いも伝わりやすくなるのです。

次ページによく使われるマジックフレーズを挙げておきました。ぜひ使いこなせるようになってください。

■マジックフレーズ一覧

用件の前につけて事前に気持ちを和らげることば
❶「このような時間にお電話を差し上げて申し訳ございません」
❷「突然お電話を差し上げて失礼ですが」
❸「お忙しいところ申し訳ございません、このままお話ししてもよろしいでしょうか」
❹「話が長くなり申し訳ございませんが」
❺「まことに勝手ではございますが」
❻「大変申し上げにくいのですが、ご要望にはそえません」
❼「すでにご存知のことでしょうが」

用件の後につけて好感を与える言葉
❶「お手数をおかけして申し訳ございませんでした」
❷「お忙しい時間におつき合いくださり、ありがとうございました」
❸「ほかに説明でおわかりになりにくいことはございませんか」
❹「どうぞお気をつけてお越しください」
❺「何かございましたら、私までいつでもご連絡をください」
❻「ご不便をおかけして大変申し訳ございませんが、もうしばらくご辛抱ください」
❼「これまでご利用いただき、まことにありがとうございました」

3章
ホンネの電話！「アプローチ」の極意

3-1 第一声は伝わればいい

自己満足の名乗りをしない

企業の電話の最初の名乗りは、会社の数だけあるといっていいほど十社十色です。

会社名の前に商品PRを入れたり、挨拶を入れたり、部署名や個人名を入れたりと実にさまざまです。これは、**社名の名乗りに決まったルールがない**ためです。

そうした中、最近では企業に電話をかけると、次のような名乗りを耳にすることがあります。

「お電話ありがとうございます、○○○コミュニケーション・インターナショナル、法人営業部第二担当、○○でございます」

「顧客第一がモットーの□□証券、△△でございます」

正直、顧客の立場になると、この長さはどうにかしてほしいと感じます。

こうした不必要に長い名乗りは、えてしてスムーズにいえなくて印象が悪く、かえってマイナス効果を生んでいることも少なくありません。

最初の名乗りは、会社の自己満足のためにあるのではありません。何のための、誰のための名乗りなのかをもう一度考え直す必要があります。

3点をチェック

よく企業の担当者から、「お客様から『この忙しいときに、名乗りが長すぎる。しかもわかりにくい』とお叱りを受けることがあるが、どうすればいいか」とアドバイスを求められることがあります。

そのときに私が確認をさせてもらうことは、次の3つです。

①会社の名乗りは何のためにあるのでしょうか？
②誰のために名乗るのでしょうか？
③もっとも伝えたいことは何でしょうか？

この3点について改めて考えてみてもらうと、回答は次のようになります。

①どこの会社にかけたのかがわかるため
②電話をかけてきてくれたお客様のため
③会社名

そしてこの3点を満たすには、それぞれ、

①わかりやすい名乗り
②親切な名乗り
③端的（シンプル）な名乗り

というようなキーワードが出てくるでしょう。

これらのキーワードは、いまビジネスの電話応対に求められる「正確」「迅速」「感じよく」という価値観にも合致しています。つまり、この3つのポイントにそった第一声・名乗りが合理的だということになります。

このように考えていくと、名乗りというのはもっとシンプルな形をとることになるでしょう。

例えば、私の会社は「株式会社ドゥファイン」といいます。

会社名自体がカタカナで相手に聞き取りにくい発音のため、あえて、

「おはようございます、ドゥファインです」

「お電話ありがとうございます、ドゥファインです」

と、簡潔に社名のみを、印象に残るように名乗っています。

名乗りはとにかくシンプルに。これがとにかくスムーズさの求められる現代の電話応対での基本でしょう。

3-2 「今よろしいでしょうか？」と最初に聞いてはいけない

切るチャンスを与えてしまう愚策

休日の自宅には、たくさんの営業電話がかかってきます。そして、そのトークの多くは、最初に「**ただいま、お時間2～3分よろしいでしょうか？**」と確認してから用件に入ります。

確かにマナーとしては必要なトーク。しかし、私はすかさず「**2～3分？　今はちょっと……、またにしてください**」と断ってしまいます。

実は、この「今よろしいでしょうか？」という切り出し方は、**相手に電話を切るタイミングを与えてしまう**トークなのです。

相手に「今はダメ」といわれてしまうと、あとはせいぜい「**では、またお電話させていただきます。次にかけるときには午前か午後、何時頃でしたらご都合がよろしいでしょうか**」くらいのフォローしかできなくなります。

まったく会話にならないうちに終わってしまうのです。

まずは30秒間相手を引きつける

勘違いしてほしくないのは、このフレーズをいったから切られるのではなく、**「いうタイミングを間違える」と命取りになる**ということです。

この言葉は、冒頭でいきなりいってはいけません。相手の関心や興味を十分に引きつけていないうちに、**「今、少しよろしいでしょうか」**では、切られる確率がぐっと高くなるのです。そうではなく、こちらの用件を告げる最初の30秒で相手の興味を強く引きつけ、それから**「あと2〜3分お話ししてもよろしいでしょうか」**と聞くようにするのです。

こうすれば、スムーズに話が進められるはずです。

では、「今よろしいでしょうか?」の前にいうべき興味をそそる用件の伝え方とはどのようなものでしょうか?

それは、相手の役に立つ案内や予告であること、つまり**相手の損得にかかわることをすみやかに提示する**ことがポイントです。例えば、

「**電話料金が半額になるご案内です**」

「**プリンターのインク代を劇的にお安くできるサービスなのですが**」

など、相手にもっともアピールできる最大のウリを最初に伝えるようにしましょう。

3-3 伝言者には電話の目的は伝えない

伝言では用件をあえて伝えない

電話を取り次いでもらう際には、たいてい「**どのようなご用件でしょうか**」と用件を確認されます。

それに対して、「**○○のことです**」と受け答えするのが一般的には正しいマナーとされています。

しかし、私が指導しているようなシビアな営業電話となると、これは一概に正解とはいえません。マナーを守り、タテマエどおりの受け答えをしているだけでは、なかなか成果が出せないのです。

この場合、くれぐれも**伝言者に用件を軽々といってしまわない**ことです。

ここで用件を簡潔に伝えてしまうと、話したい相手に電話に出てもらえないということもよくあるのです。

メリットは直接担当者にアピールする

忙しい人は、自分の損得にかかわることでないと、まず電話には出ません。しかし、端的に相手のメリットが説明しにくい用件の場合、伝言ではうまく伝わらないでしょうし、伝言者が入ることで情報が不正確になることもあります。

そこで、取り次いでもらう際には、

「できましたら、直接お話しさせていただきたいのですが」

と率直にいうようにしましょう。

また、相手と話ができても、すぐに目的の商品説明には入らないことです。相手が知りたいと思っている興味あることでないと、話は伝わりません。

まずは、相手の関心がどこにあるかをつかんで、それを切り口に商品の説明に入りましょう。その相手の関心がどこにあるかをつかむために、質問はあらかじめたくさん用意しておきましょう。

こちらの自己満足ではなく、相手の反応を優先して考えることです。そして、商品そのものを売るのではなく、その**商品で得られるサービスや便利さを売る**のだということを忘れないようにしましょう。

3-4 明るい声がいいとは限らない

明るい声より場面にあった声を

電話の声はどんなときも「明るくさわやかに」、そして「少し高めに」と考えている人が多いようです。実際、日本ではやや高めの声がかわいらしいと思われています。そして、明るい声で出てくれると、歓迎されているようで話しやすくなるものです。

しかし、明るい声をムリに出そうとするあまり、テンションが上がりすぎて耳ざわりに感じるイヤな印象の声に出会うことがあります。

そもそも、電話応対をする上で声に求められる条件とは、**「伝えたいことが確実に伝わる」**こと、そしてそれが**よい印象である**ことです。

声質は、ある程度は先天的に決まっています。しかし大切なのは、その声の「使い方」、そしてその結果、相手にどのような印象を与えるかということです。

単純に明るい声というより、「温かい声」や「やる気を感じさせる声」など、場面にあった声を使い分けることが大切なのです。

温かい声を出す方法

では、具体的に「温かい声」は、どのようにしたら出せるのでしょうか?

もちろん、温かい声は温かい気持ちから出ます。相手の心の痛みに共感したり、理解しようとする積極的な気持ちがあって、はじめて「温かい声」が出るのです。

「**おはようございます**」を温かい気持ちでいってみてください。

目一杯ほほえんで、ゆったりと口の中を大きく使い、やや低めの声で、嬉しさをかみ締めるようにして声を出します。

次に「やる気を感じさせる声」も出してみましょう。

「**ぜひ、私にお任せください**」と意欲的にリーダーシップをとる気持ちで声に出してみます。大きく深呼吸し全身で話すつもりで、表情を引き締め、やや大きめの声で、語尾をしっかり締めるつもりではっきりいい切るようにするといいでしょう。

このような練習を積むことで、本物のプロの声が身についてきます。

声質の10タイプ

では、声の特徴をタイプ別に分けてみましょう。あなたの声はどのタイプですか。

1 **キンキン声**……金属的にひびくカナ切り声
2 **カン高い声**……頭のてっぺんから出ているような声
3 **こもった声**……口の中でもごもごしているような言葉がはっきりしない声
4 **かすれ声**……息の音が混ざったようなザラザラした声
5 **蚊の鳴くような声**……力がなく弱々しい声
6 **怒鳴り声**……騒々しく、怒っているように聞こえる声
7 **柔らかい声**……印象よく聞こえる声
8 **ひびく声**……不快ではなく、しっかり聞こえる声
9 **なめらかな声**……流れるように心地よく聞こえる声
10 **よく通る声**……多少の雑音の中でも、よく聞こえる声

1～6までの特徴が思い当たる人は、「相手にとって聞き取りにくい」ことがあると自覚して、あなたの体の中にまだ眠っている「あなた自身の声」を発掘していきましょう。

それには日頃から、できるだけよいイメージの声、体から楽に出ていて、しかも聞きやすい人の声をたくさん聞くことです。

いろいろな声の魅力を感じとり、話し方、声の使い方を真似るところからはじめ、自分の声を時間をかけて磨いていくことです。

3-5

アプローチのNGワード①
「いつもお世話になっております」

「お世話」なんかしていないのに……

ビジネス用語として日常的に使われている「**いつもお世話になっております**」という挨拶の言葉ですが、私自身は長年疑問に思いつづけてきました。

私が電話をかけると、ほとんどの方がこちらが名乗ると同時に、「いつもお世話になっております」と間髪いれずに返してくれます。

不思議なのは、これまでまったく接触のなかった会社に電話をかけても「いつもお世話になっています」という挨拶が返ってくることです。

ということは、こちらがどこの誰なのかは一切関係なく、ただ、かかってきた電話に「いつもお世話になっています」と**機械的にいっているだけ**ということになります。

そう考えると、「私はお世話などしていませんけど」と嫌みのひとつもいいたくなるのは私だけでしょうか。

マニュアル言葉の意味をもう一度考える

もちろん、会社名や人の名前に明らかな記憶がある場合には、この「いつもお世話になっております」はとても大事な言葉になります。

しかし、そうでないときには、「○○工業の△△と申します」という先方の名乗りに対しては、

「○○工業の△△様でいらっしゃいますね。私は□□と申します。お電話ありがとうございます」

というほうがずっと自然で、気持ちのよい応対になるのではないでしょうか。

ただし、大きな会社の場合、「ビジネス電話は誰でもが『会社の代表』という意識で出ることが必要。自分は直接お世話になっていなくても、会社の誰かがどこかでお世話になっているかもしれない」という考え方も、まんざら否定できないかもしれません。

いずれにせよ、決まりきったビジネス用語も、マニュアル的に安易に使うのではなく、その**言葉の意味を考えて使うことが大切**なのです。

それが、プロの電話応対に求められる姿勢であると思います。

3-6 アプローチのNGワード②
「お名前様をいただけますか」

名前はあげられない

「**お名前様をいただけますか**」。名前を確認されるときに最近、よく耳にする言い方です。とくに金融機関などで多く見受けられるのは、きっとお客様を大切に扱っていることを強調しているつもりなのでしょう。

しかし、この表現は2つの点で間違いであると考えられます。

まず、名前にまで「様」をつける、いき過ぎたていねい表現であること。

2つめは、普通の表現に直すと「名前をください」となる、意味の通じない言い方に対するとまどいです。

「**お名前をお教えください**」「**お名前をお聞かせいただけますか**」「**お名前をうかがってもよろしいでしょうか**」など、**素直でていねいな言い方はいくらでもあります**。

そのうちに、「お電話番号様」が出てきたら噴き出してしまいそうです。

他にもある「名前」がらみの気になる言い方

その他にも、名前の確認で違和感を覚えるのは、**「下のお名前は？」**と聞かれることです。

「昭子といいます」というと、漢字はどのように書きますかとたずねられ、**「昭和の昭に子どもの子と書きます」**と答えると、**「平成・昭和の昭に子どもの子で、昭子でよろしいですね」**と長たらしい確認が返ってきます。

このやり取りには不快な気分にさせる要素がいくつもあります。

まず、「下の名前」という言葉の語感の悪さです。**名前には、上の名前も下の名前もありません。**「姓」と「名」です。

「名字は恩田様ですね。お名前まで教えていただけますか」で十分わかるはずです。

または、**「フルネームをお聞かせください」**という言い方をすれば、「姓」も「名」もいっぺんに確認することができます。

こちらで「昭和の昭」といっているのに、あえて別の言い直しをされるのも不快です。

本来、**復唱は相手のいった言葉で返す**のが原則です。

「昭子でよろしいですね」と**呼び捨ての復唱も失礼**です。

いったとおりに復唱をするのが原則といっても、この場合にはあてはまりません。**「昭子様でよろしいですね」**と、お客様の名前には「様」をつける気配りが必要です。

3-7 電話は忙しい人にかける

キーマンは忙しい

ビジネスの電話では、「誰にかけるのか？」「誰と話すのか？」によって成果がまるで変わってきます。

最大限に効率よく成果を出すには、**決定権をもつ、いわゆる「キーマン」と話す**ことが何より重要です。キーマンと話ができれば、その後の交渉はスムーズになります。これは電話に限らず、あらゆる商談に共通するポイントでもあるでしょう。

とくに私の専門である電話営業の場合は、たくさんの電話をすることが目的ではなく、**キーマンに突き当たることだけに集中する**ことが極意になります。

キーマンは、基本的には「商談と関連する部署のできるだけ役職が上の人」になります。もっと具体的には、商談が失敗したときに「○○課に反対されちゃって」などという話があれば、その「○○課」にキーマンがいることになりますし、「1人うるさい人がいてねえ」ということなら、キーマンはその「うるさい人」です。

こうした情報を得るためにも、普段から顧客との距離を縮めておく必要があります。

キーマンの行動パターンを把握する

ただし、キーマンはどの会社でも多忙です。おそらく電話口に直接出ることはないし、ましてや営業の電話を取り次いでもらうことはほぼ不可能。

会社の規模によってもこの確率は異なりますが、いくつも部署があるような会社になると、直接電話に出ることはまずありません。

できるだけ早くキーマンに到達するためには、**相手の行動パターンを把握する**ことです。それには、午前か午後、もしくは夕方、あるいは何曜日が在社の確率が高いのか、などを必ずはじめの電話で確認することです。

もしこうした確認を怠って、何度も空振りの電話を繰り返すと、それだけでしつこい印象を与え、話してもらえないケースも出てきますから、要注意です。

また、キーマンを間違えて、相手がどのような役職の何の担当をしている人かもあやふやなまま商談をしてしまうと、時間とコストだけがかさんで成果を出せないということになります。

3-8 何時に電話すると効果的か

朝早くの電話で確実に相手を捕まえる

私の会社は朝9時から始業です。9時には朝礼があるので、8時40分から9時までが確実に席にいて、ほぼ100％電話に出られる時間になります。

ところが外部からの電話は、ほとんど9時に一斉にかかりだします。常識に照らして、始業前に電話をするのは悪いと思い、避けてしまうようです。

しかし、私は**始業前の20分くらいが、あえて狙い目**だと考えています。

また**よい知らせの電話も、間違いなく9時台にかけたほうが効果的**です。

誰が受けても、朝一番のよい知らせは、その日1日を気持ちよく過ごさせてくれます。「あの人の電話で1日がさわやかに過ごせた」「あの人とは相性がいい」という感想を相手が抱いてくれれば、それだけ相手との信頼関係も深まることでしょう。

また、アポイントをとるのも早い時間帯が有効です。

人間は目覚めてから3時間くらいで脳が活性化しだし、午前中にもっとも活発に脳が働くといわれています。志気の高まっている午前中にアポイントをとれば、「なんとなく面倒くさい」などの原因で先のばしにされたり、断られる確率も低くなるのです。

ですから**アポイントの電話は、せいぜい11時頃まで**。午後になると相手が席をはずす可能性がぐっと高くなり、場合によっては会社に戻らずに、翌日にならないと連絡がつかないということもあります。

ネガティブな電話は夕方に

それとは反対に、悪い知らせ、指摘、クレームなどの**ネガティブな電話は、できれば午後の遅い時間帯、4時以降にかける**とよいでしょう。

1日の始まりと1日の終わりのどちらかで、受ける側の気分はかなり違います。朝一番に嫌な知らせを受けると、1日悪い気持ちを引きずることになりますが、夕方なら、その日寝て忘れてもらえます。こうした気配りもプロの電話応対には求められるのです。

また、むずかしい交渉・商談の電話となると、よりタイミングが重要です。

交渉事をするには、これから1日のことを精一杯やろうという緊張感の強い朝は、不向きです。話がまとまりやすいのは、ランチを終えて気持ちもほぐれ、頭の緊張もほぐれた2時から6時頃でしょう。

3-9 電話でもこちらの姿は見られている

電話でも「見た目」は大事

電話の相手の姿は見えるはずはないのに、ひじをついたり、足を投げ出しただらしのない姿勢で話していると感じたことはないでしょうか。

電話の会話では視覚的な情報が得られない分、聴覚が敏感に働き、相手の状況が驚くほど正確に感じられるときがあります。

むしろ相手が見えないからこそ、無意識のうちにも相手のいいたいことをくみとろうして聞くことに集中するため、**対面しているとき以上に相手の感情や態度が見えてしまう**のです。

電話応対が主な業務の内勤者の場合、直接お客様の前に立つことがないため、服装について無頓着であることが意外に多いのですが、私は反対の意見をもっています。

態度や服装などの「見た目」は「心と言葉」に影響力をもちます。

カジュアルな服装ではやや粗略な言葉を使いやすいし、ビジネスシーンを意識した服装であれば、それにふさわしい言葉を使うのが、やはり自然な反応と考えるからです。

「見た目」に気をつけてこそプロのレベルに

電話応対をプロのレベルまで引き上げていくには、**服装や態度を整え、気持ちを整えてから声を出す**ことを習慣づけなければいけません。

「相手に見られていない」という電話の特性を、自分の都合のいいように考えて油断していると、それが声の調子や態度に微妙な影響を与え、取り返しのつかない失態につながるのです。

もし、対面していてポケットに手をつっこんだままお詫びをしたら、謝罪の気持ちなど伝わるはずはありません。電話の場合でもまったく同じです。

「申し訳ございません」のお詫びや、**「ありがとうございました」**の感謝の言葉を心から出すときには、自然に頭が下がるはずです。この姿勢や気持ちが電話を通じて相手にも敏感に伝わるのです。

電話であっても、つねに見られていることを意識し、「言葉」に「心」をのせて行動する、つまり、態度で気持ちを表さなければ、本当の気持ちは相手には伝わらないのです。見た目にもほどよい緊張感をもって、会話をすることを忘れないでください。

3-10 アプローチ勝負から「顧客満足」の充実へ

アプローチと締めくくりは「できて当たり前」

電話応対力日本一の座を競う「電話応対コンクール」は、3分間の電話応対を次の6つの項目を基準に審査されます。平成30（2018）年の電話応対コンクールから、この審査基準に変更になりました。カッコの中の数字は100点満点中の配点です。

①最初の印象（5点）
②基本応対スキル（20点）
③コミュニケーションスキル（20点）
④情報・サービスの提供（20点）
⑤最後の印象（5点）
⑥全体評価（30点）

基準が変更になる前は、①最初の印象（15点）、⑤最後の印象（15点）、⑥全体評価（10点）と、最初の印象と最後の印象で合計30点を占めていました。

これは、企業イメージの決め手にもなる名乗りや余韻を残す締めくくりが、電話応対で重要なポイントであることを示しています。配点が減ったのは、ビジネス電話の基本として、この部分は「感じ良くできて当たり前」という認識になったと考えたほうがよいでしょう。ここがしっかりできないようでは、話にならないわけです。

電話応対を評価する基準は変わっても、最初の15秒がファーストコンタクトの好感度を左右する勝負の時間である点はなんら変わりません。**「名乗りと締めくくり」は従来通り、会社の代表という意識で神経を集中して応対**するよう心がけましょう。

「全体評価」が評価の3割

さて、新しい審査基準で注目してほしい点は、**⑥全体評価が100点満点のうち30点も占める**という点です。

それぞれのスキルが重要である点は変わらないのですが、会話全体から感じられる「人間的な温かさ」「言葉に表われる思いやり」「心くばり」などの総合的な視点が、電話応対にはもっとも重要な要素だという考えを反映させたものになっています。

全体評価とは、お客様の知りたいことについてわかりやすく答えてくれたかどうかについて聞きます。人は知りたい情報については、説明が少しくらい下手でも、一生懸命聞いてくれます。反対に、関心のないことは、どんなに上手に話しても聞く耳を持ちません。ということは、応対マニュアルを丸暗記してそのまま話したのでは、まず伝わりません。

ポイントはお客様の話を「訊く」こと

電話応対コンクールでは、全体評価の視点として、次のような例を挙げています。

・その会社と継続して、取引したいと思うか
・応対結果に満足でき、その会社の信頼や価値を高めたか
・事務的ではなく、一生懸命さやお客様に寄り添う気持ちが伝わったか
・応対スキル以外で、全体として余韻の残る良い応対であったか

全体評価を上げるには、**お客様の知りたいことを、話す前にまず徹底的に〝訊く〟**ことです。自分が知りたいことでなければ、いくら説明しても聞き流されるだけで会話のキャッチボールは成立しません。

答えやすい質問を問いかけているうちに、関心のあることについては逆に質問をしてきます。訊いているうちにお客様の情報も集まり、その情報によって何に関心があるのかを判断し、ご提案やお勧めすることを話せばよいのです。

このようなやり取りでお客様に寄り添うことが、顧客満足の決め手になるのです。

4章

ホンネの電話！「話す」極意

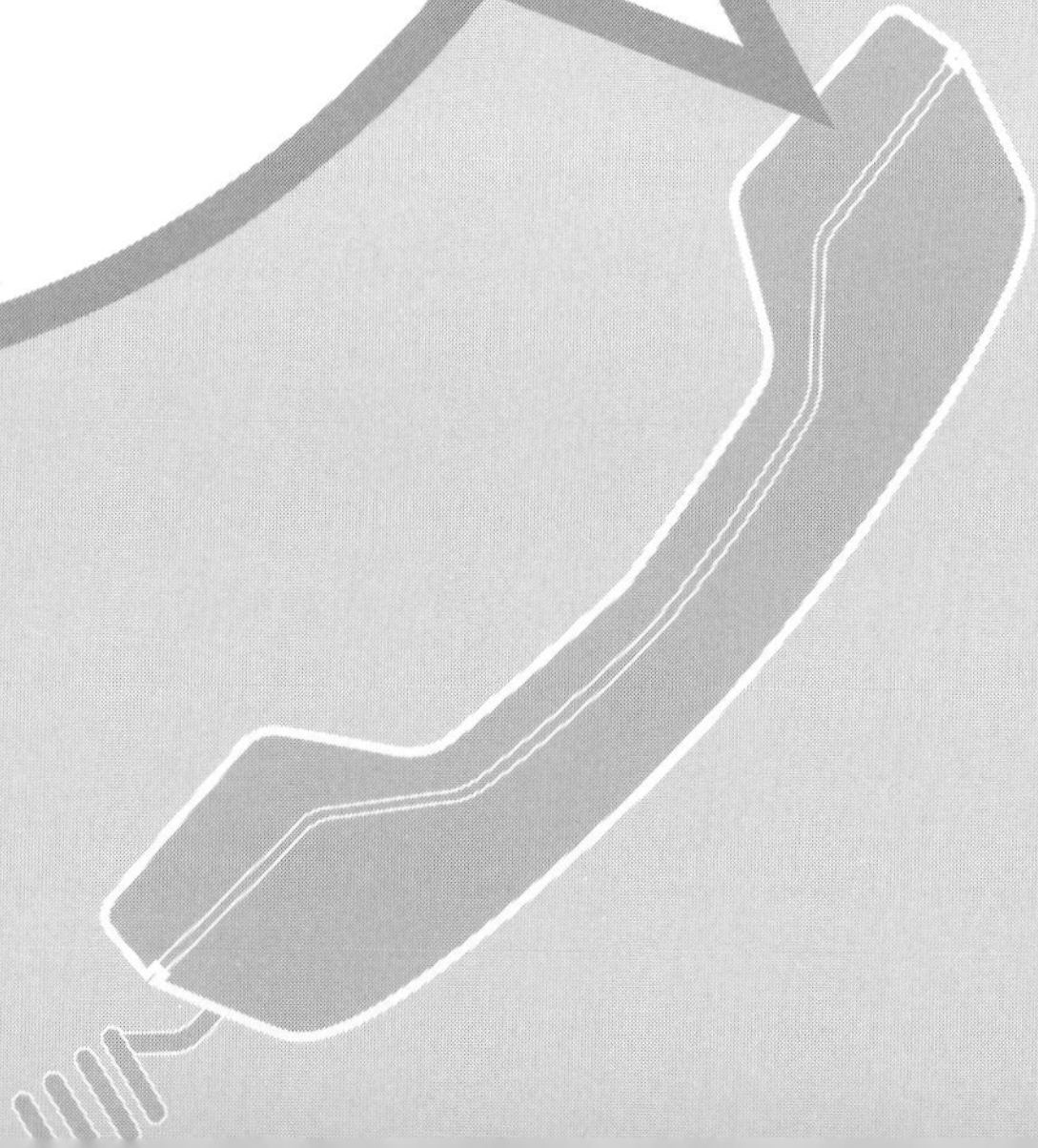

4-1 「断り」からはじめる会話のテクニック

相手の「断り」をチャンスととらえる

最近の電話営業の現場では、こちらから電話をかけて、即座にOK、商談成立ということはまずありません。

ほとんどのお客様は、「忙しい」「面倒くさい」「なんかあやしい」など、なんとか断ろうとするのが普通の反応です。しかし、そこであきらめて引き下がるようでは仕事になりません。

一般的には、「電話は相手の反応に合わせて対応をする」のが正しいルールとされています。それにのっとれば「忙しい」という相手に合わせて、「では、後日あらためてご連絡さし上げます」と答えるのが正しいのかもしれません。

しかし、過激な言い方をすれば、ときにはこうした相手の「断る」という反応を無視したほうがよいときもあると私は考えています。

むしろ、**断りをこちらの提案に対するひとつの意見ととらえ**、注文への前兆、チャンス到来と考えるようにするのです。

また、以下のように断りを質問の糸口と考えるのも一つの方法です。

「今のところ必要ないわね」➡「**いつ必要になりそうですか？**」

「あったら便利だけど私ではよくわからないので」➡「**わかる方はいつならご在宅でしょうか？**」

「考えておきます」➡「**いつ結論が出そうですか？**」

「今忙しいから」➡「**都合のよい時間を教えてもらえませんか？**」

このように質問で切り返せば、断りから商談に入っていくこともできるのです。

断りにも3つのパターンがある

一口に「断る」といっても、主に次のような3パターンがあり、それぞれに対応策があります。

①偽りの断り

これがもっとも多いケースでしょう。多少は興味があるけど「予算がないから」「上司に説明するのが面倒だから」など、心ならずも拒否するケースです。この場合は、使う楽しさや効果を訴えたり、ズバリ損得感情に訴えるなどいろいろな応対方法が考えられます。

②当然の断り

車をもっていない人に自動車保険をすすめるようなもので、断られるのがあたりまえのケースです。それでも、家族や知人を紹介してもらうことはできます。

③形式的な断り

断ることが習慣になっていて、内容をよく聞こうともしないで無意識に断るケースです。電話営業ではとくに多いでしょう。このような人には、断り自体が挨拶のようなものと考え、この反応は聞き流して話を進めていきましょう。

もちろん、相手の反応を無視して突き進むには、こちらの対応にも注意が必要です。お客様の断りにもそれなりの理由があります。

つねにお客様のためになる利便性、効率、コスト削減、メリットなどをキーワードに、最新のニュースやアイデアを提供することを心がけ、この電話がお客様の〝お役に立つ〟ためのものだという確信をもって、真心こめて誠実に話すことが必要です。

事前に断りを予想して対処することも商談をスムーズに進めるポイントです。応酬話法とともに研究してください。

4-2 ゆっくり入り早口で締めくくる

ゆっくり話せばいいというものではない

両者の会話で成り立つ電話応対は、相手に安心感と信頼感を与えるために、ゆっくりしっかり話すことも重要な要素であることは間違いありません。

現に私も、新人研修では、「電話応対は相手にわかりやすいよう〝ていねいにゆっくり話す〟のが基本です」と指導しています。しかし、私の見たところ、コールセンターなどプロの**現場で実績を出すコミュニケーターは、みな「早口」**です。

もちろん、早口といっても、自分だけがペラペラしゃべりまくるといった独りよがりなものではありません。ここでいう早口とは、**会話にスピード感がある**ということです。

早口は、会話の簡潔なクロージング（締めくくり）と、効率よく実績を出すための大切な要素です。また営業などの場合、相手のテンションを上げる効果もあります。

ですから、会話のスピードというのは、「速い」「ゆっくり」がいつも絶対的な基準ではなく、目的や状況によってベストの速度を判断することが必要なのです。

ここでは研修などではあまり触れられない「早口」の活用のしかたを解説しましょう。

会話に緩急をつける

早口を上手く活用するには、以下のような流れが基本になります。

まず、**電話のはじめの段階では、基本的にゆっくり話す**ようにします。

会話が進み、相手の興味や関心を引き出すための質問を投げかけるなど、**やり取りをする段階に入ったら、スピードを徐々に上げて**早口にしていきます。

ただし、相手が不安に思っている点などについて質問をされたら、こちらがきちんと認識していることをわかってもらうよう、**いったんスピードを落としてゆっくりと質問を復唱**します。また質問への回答も、極力ゆっくりていねいに説明し、語尾はしっかり締めます。こうした緩急によって相手に安心感が生まれるのです。

次に、契約やアポイントなどの話がまとまり、**最後の確認に入ったら、どんどんスピードアップし、早口で通り抜ける**ようにします。相手が「もう少し話したい」という余韻を残すくらいにし、次回以降の会話につなげていくようにしましょう。

というのも、相手はテンションが頂点に到達すると、あとは急激に気持ちが冷めてしまうものだからです。

4-3 心の距離を縮めるにはざっくばらんがいい

言葉遣いよりも大切なものがある

相手の顔が見えないビジネス電話は、言葉が生命線です。

言葉遣いが大切なのはいうまでもありません。実際、お客様はその言葉遣いで、自分がどのくらい大切にされているかを敏感に察するものです。

しかし、慣れない敬語を使おうとするあまり、いつもどおりの会話ができずに心理的に距離感を感じさせたり、消極的な会話になるようではマイナスです。

そもそも、電話の相手はどこまで正確な敬語を求めているでしょうか？

あなたは、買い物をするお店のスタッフに、完璧な敬語を求めるでしょうか？

顧客の多くは、不快に感じない程度であれば問題ないと考えるのが一般的でしょう。

むしろ大切なのは、お客様の聞きたいことを**一所懸命聞く姿勢、誠実な対応、興味を引く提案をしていく**ことです。ビジネス電話は、完璧な敬語を使うよりも先に、会話をするときの「心の姿勢」が大切なのです。

相手との距離の縮め方を覚える

たびたび話している相手に、いつまでも堅苦しい言葉遣いをしていると、むしろこちらとの間に距離を感じてしまうものです。

そして、その心の距離の結果として、営業がうまくいかなかったり、まとまるはずの話がまとまらなかったりするのです。これでは、せっかくのていねいな言葉遣いも逆効果です。

こうしたことを防ぐためには、相手との「心の距離の縮め方」を身につける必要があります。そのためには、相手の言葉遣いによく耳を傾け、**少しずつ相手の調子に合わせて、言葉遣いを変えていく**ことが必要です。

相手がざっくばらんに話しているのに、こちらがていねいすぎると、話が弾むどころか、会話がかみ合わなくなってきてしまいます。

ただし、あなたの仕事が高額商品や高級なサービスを扱っているとしたら、よりていねいな言葉遣いを求められます。言葉遣いもサービスの一環になってくるからです。

つまり、相手の話し方や関わりの深さによって、敬語で対応するか、ややくだけた調子で話すか、臨機応変に使い分けることが、自然でより効果的だといえます。

4-4 専門用語を使えば話は早く正確になる

言葉遣いは相手のレベルに合わせる

電話応対マナーの常識として、説明するときには「専門用語は極力使わないこと、誰にでもわかる言葉で伝えましょう」という指導をしています。

これは、会社によっては、社内でしか通じない独自の用語があったり、業界用語で、相手に伝わらないものがあるからです。

しかし、場面によっては必ずしも専門用語を使わないことが正しいとはいえません。とくに電話応対では、「わかりやすく」「早く」伝えることが求められます。そのためには、相手次第では専門用語を使ったほうが、わかりやすく早く伝えることができるからです。

例えば、相手がデジタルカメラを購入する場合でも、初めての人と買い替えの人とでは、話の内容も異なるはずです。

初めて買う人にはわかりづらい専門用語でも、買い替えの人にはスンナリ通じ、むしろやさしい言い方では、かえって「初心者扱いされている」と違和感を覚えるでしょう。

相手のレベルを見極める

基本的に言葉遣いは相手のレベルに合わせる必要があります。そのために大切なことは、相手のレベルを早く見極めることです。

それには、相手の質問内容に注目するようにしてみましょう。質問で使われている言葉から相手のレベルが判断できるはずです。

質問がないからといって、こちらが一方的に話しつづけてはいけません。

その場合でも、会話の途中で「**〜はおわかりになりますか？**」と、素直な問いかけを随所に入れるようにすると、相手のレベルを判断する材料にもなり、また気軽に質問できる雰囲気づくりにもなります。

ひとつ気をつけたいのは、相手を上級者と判断した場合でも、「この程度のことはわかっているだろう」と思い込みで省略したりしないことです。

また逆に相手が初心者の場合は「すべていっておかなくては」と詰め込みすぎないようにしましょう。

つまり、**相手の理解度と消化できる情報量を考えて説明する**ことが大切なのです。

4-5 語尾がのびるクセにいいことはない！

語尾のびは損をする

電話応対コンクールの審査を20年やった経験の中で、「損をしているなあ」と感じるのが、「○○でぇ」「○○ですぅ」などと語尾をのばす「語尾のび」です。

たかが語尾ですが、語尾には話す人の自信や説得力が現れます。**語尾にほんの少し気を配るだけで、話にグンと信頼感が増し、受け入れやすくなる**のです。

「語尾のび」からは、幼稚、素人、不慣れといった印象を受けます。つまり、自信のないようすが現れます。

そのため、「信頼できない」という印象にもつながり、ビジネスパーソンとしては致命的な欠陥ともなります。

語尾のびには、大きく分けて2種類の原因があります。

1つは、口を開けたまま話すことが、いつの間にかクセになってしまっていることです。クセは自分で意識して直すしかありません。これは「語尾では口を閉じる」と意識するだけで、即効的に直すことができるはずです。

2つめは、会話の内容に自信がないことによるものです。

「会話の内容に自信がない」という原因の解決には、仕事の中で努力をして克服していかなくてはなりません。

また、とくに電話での語尾のびは、遠くの人に話しているかのような印象を与え、気持ちが伝わりにくいということも覚えておきましょう。

断定調で力強さを演出する

語尾のび以外にも、自信のないときに使いがちな締めくくりの言葉があります。

「〜だと思います」「〜だと考えられます」などです。

これも断定的に**「〜です」「〜と考えます」**と変えるだけで、説得力、信頼感はまったく違ったものになります。

プレゼンテーションや、営業の相手にプレッシャーを与えたいときや、迷いや不安を与えたくない場面では、とくに断定的に話すことが必要になってきます。

スマートなビジネスパーソンに、語尾がのびる人はまずいません。自信をもって最後の言葉を締めましょう。

4-6 余計な「世間話」は時代遅れの手法

雑談でムードをつくるのは時代遅れ

私が営業をはじめた頃、「営業の基本は人間関係づくりから。まず世間話で会話を盛り上げてから本題に入る」と教わりました。

つまり、顧客と良好な関係を築くには、仕事とは関係のない話でリラックスしたムードをつくることが大事で、その上で本題に入るということです。

しかし、ビジネスサイクルの速いスピード化された今では、もう当てはまりそうもない手法といえます。

「時間が大切」「時間が足りない」と誰もが思っている忙しい現代では、**世間話から入るような電話応対は、非効率で結果を出せない**代表格といえます。

世間話などから入ると**「今忙しいから」「それで何？」**で終わりです。

では、どのようにして、会話の取っ掛かりをつくるのが正しいのでしょうか？

名乗りで取っ掛かりをつくる

まず、何より**自分の名前、会社名を感じよく印象に残るように名乗る**ことが大切です。よくつくり笑顔をしていることが明らかにわかるような声で、名乗りや挨拶をする人がいます。また、友人でもあるかのように、いきなり気さくに話しはじめる人もいますが、いずれもNGです。

こうした切り出し方では、「この人誰？　何の用？」と不信感を抱かせるだけ。

にこやかな雰囲気は大切ですが、まずはじめは落ち着いた自然な声ではっきりと会社名、自分の名前を名乗ります。ここで「あ、感じのいい人だな」という第一印象をお客様にインプットしてもらえれば、その電話の第一関門はクリアです。

次に主旨をはっきりとわかりやすく伝えるようにしましょう。

何の用件で電話をしたのか、端的にわかりやすく話します。このときに相手も承知している**「共通の認識」を添える**とスムーズにいきます。

例えば、「**最近話題の○○サービスの件で**」「**お客様が会員になっていらっしゃる○○法人会からのご紹介で**」「**テレビでもおなじみの○○社の代理店です**」などと、すぐに相手が理解できる情報を加えるようにするのです。

用件も手短に

しかし、はじめに用件を伝えることは大事なことですが、用件を伝えるだけのために長々と話すようではいけません。

「本日は御社のホームページを拝見してお電話させていただいたのですが、御社では人材活用について力を入れていらっしゃるということで、ぜひ私どもの教育システムのご紹介をさせていただきたいのですが、ご担当の方はいらっしゃいますか」

こうした伝え方では、お客様は聞いている途中で間違いなく「飽きて」しまいます。

そこで「短くまとめて」ということが必須になります。

「私どもの社員教育システムについてご紹介したいのですが、担当の部署はどちらになりますでしょうか」

と単刀直入に伝え、「人事部です」という返事をもらったら、**「では、お取り次ぎいただけますか」**とこれも短い言葉で依頼しましょう。

つまり、現代の電話での「会話の取っ掛かり」は「自然で明るい話し方」と「端的に主旨を伝える」ことにつきるのです。

4-7 マニュアルには意義もあるが限界もある

応対の均一化にはマニュアルは欠かせない

組織としての電話応対を考えた場合、会社としての回答や方針を統一し、どのような相手にも均一な応対をすることは必要です。

ややもするとクレームなどの場合、苦手な相手には、つい違う対応をしてしまうものです。面倒なことをいってくる相手にはすぐに回答し、そうでない相手への回答を後回しにするなどはありがちなことです。

このように、相手によってこちらの対応を変えることがあってはいけません。

また、応対に出た社員によって回答が違うということも避けなければいけないことです。

しかし、人それぞれキャリアや説明力の差もあり、なかなかうまくはいきません。

つまり現実的には、かかってくる相手、それに出る人によって対応にばらつきがでてきてしまうものなのです。

そのため私は、応対を均一化・標準化するために、単なる「機械的」なマニュアルではなく、**実際の応対の成功体験を集めた「電話応対のマニュアル化、スクリプト化」**をおすすめしています。こうすることで、他の人の成功のノウハウを共有し、高いレベルで応対を統一することができます。

マニュアルに自分流の味つけを

しかし、応対の均一化には有効なマニュアルも、ときには逆効果を招くことがあります。マニュアルに従うだけの事務的な応対は、いつの間にかマンネリ化してしまうのです。

そこで、とくに初心者はマニュアルを覚えることも大事ですが、もっと大事な仕事や商品の知識を蓄え、それによって臨機応変に対応することを心がけなければなりません。

顧客のクレームに画一的なマニュアル言葉しか返せない、心がこもらない応対では、かえって相手を怒らせてしまうことになるのです。

マニュアルは、初心者をある程度のレベルの応対ができるようにするためのツールにすぎません。

上級者を目指すには、初級用マニュアルをベースに、自分なりに学習した商品や業務知識のエッセンスを散りばめた、**独自のマニュアルをつくる**べきなのです。

常備されているマニュアルが書き込みで真っ黒になるような取り組みが必要です。

4-8 長い話は「3」をキーワードに

「3」は理解の鍵になる数字

ビジネスにおける電話応対にもっとも期待されるのは、何といってもスピードです。スマートなビジネスパーソンは、用件を簡潔に話すノウハウを身につけ、テンポのよい会話術を心えているものです。

とくに「長い複雑な話をどのように話せば相手に理解してもらえるか」を、聞く立場に立って考えられるかどうかが、プロとそうでない人の分かれ目になります。

私は情報を要領よく整理して伝える方法として「**3つに整理する**こと」をおすすめしています。こうすることで長い用件も飛躍的に覚えやすくなるのです。

話を3つに分けることには、次の3つの効果があります。

①3点に整理する過程で、話し手自身の内容理解が深まるために、論点が絞られる
②聞き手も整理しながら聞くことができ、理解しやすくなる
③3点というのは、覚えやすく印象に残る

世界3大珍味といえば、「トリュフ」「フォアグラ」「キャビア」、日本三景といえば、「天の橋立《あまのはしだて》」「松島」「安芸《あき》の宮島」というように、私たちにとって「3」はもっとも身近で、物事を整理しやすい数なのです。

「3」に分けることはプロへの第一歩

例えば、次の「電話応対のイメージアップを図るために必要なこと」の説明で考えてみましょう。

「電話応対は企業イメージを決定する大変重要なことなので、誰が出ても会社の代表としての受け答えができるよう、会社の実態を把握した上で応対のルールを統一することが必要です。

また、全社員が共有できるようにマニュアル化し、日常的に活用してもらうために全員に配布し、イメージアップを図っていきましょう」

皆さんは、この説明を読んで内容がすっと頭に入ってきたでしょうか？　きっと、どこが重要なのかわからない、散漫な印象が残ったのではないでしょうか？

しかし、これを3つに整理すれば、

「電話応対は企業イメージを決定づける上で大変重要です。
そこでイメージアップを図るために必要なことを3点お話しします。
まず1点めは、会社の実態を把握し、応対のルールを統一することです。
2点めは、ルールを全社員が共有できるようマニュアル化します。
3点めは、マニュアルを日常的に活用してもらうよう全員に配布します」

という具合です。3つの要点がすんなり頭に入り、理解できるはずです。

2章で解説したテクニックの「ホールパート法」で、3つに分けることが多いのも「3」という数字が覚えやすく整理しやすい数字だからです。

話が長くなりそうなときは、まず3つに整理すること。これを習慣づけるだけで、また一歩プロの応対に近づくことができるでしょう。

4-9 「ありがとう」でドーパミン効果を

「ありがとうございます」の効用

「ありがとう」は、アンケートなどでも日本人の好きな言葉として、いつも上位を占めている特別な言葉です。

みなさんは、「ありがとう」を1日に何回、口にするでしょうか?

私の会社では、電話がかかってきたときの最初の名乗りを「**お電話〝ありがとうございます〟ドゥファインです**」にしているので、1日に最低でも10回は使う日常的なフレーズになっています。

なぜこのような名乗りにしたかといえば、もちろん電話をかけてくださったすべてのお客様に、感謝の気持ちをこめて「ありがとう」といいたいからという理由もありますが、何より「ありがとう」の言葉を発することで得られる多大な効果を、私自身が実感してきたからです。

「ありがとう」といわれるとドーパミンが出る

「ありがとう」という言葉の最大の効果は、相手がこの言葉を聞いてから**3秒以内に販促活動時間が得られる**ことです。

人間はうれしいことがあると、脳の深層部から「ドーパミン」という快感ホルモンがにじみ出ます。ドーパミンは体全体を幸せな気分に包んでくれるのですが、この物質は「ありがとう」という言葉を聞いたときにも出るそうです。ただし、そのドーパミンの効果は3秒間しか持続しません。

この現象は、販売の現場などにも応用されています。

例えば、ハンバーガー店でハンバーガーを買った人に、店員は「**ありがとうございます**」といいます。そして、3秒以内に「**お飲み物やポテトもご一緒にいかがですか**」とすすめると、相手はドーパミンの作用で、「**じゃ、それも**」となる確率が高いというのです。

まるでトリックのような話ですが、「ありがとう」の効用は科学的な根拠にもとづいていることなのです。

「ありがとう」のひと言がドーパミンの分泌を促し、**お客様からの好感度を高めて営業成績のアップにつながる**のですから、積極的に口に出していくべきでしょう。

4-10 言葉の選び方・表現のしかたで同じことは2度いわない

同じ話をしている暇はない

電話応対では、相手の「わかる言葉」で話すことが、欠かすことのできない重要なポイントです。

相手がスーッと1回で聞き取れ、同じイメージを共有できる言葉を使って話すことが、相手の心をつかむ電話応対なのです。その一つの例が4－4でも解説した相手のレベルに合わせた言葉遣いです。

たった一つの言葉が理解できないために、聞き手の集中力はそこで途切れてしまいます。この言葉はどんな意味だろうと考えると、途端にそれからあとの話が聞き取れなくなるのです。**1回聞いただけで相手が理解できるよう、単純明快に話す**ことこそ、聞き手への最大の心配りです。

面と向かって話す場合には、相手の首をひねるしぐさなどで、理解度をある程度確認することができます。しかし、電話ではどこまで理解できたかがわかりにくいものです。

それだけに話し手は言葉一つにしても、十分な心配りをしなければなりません。

日本語は誤解を生みやすい

日本語の話し言葉には、同音異義語（同じ発音で意味の違う言葉）が多く、抑揚のつけ方一つで意味が変わってしまうなど、誤解を生みやすい要素があります。

限られた時間内で用件をすませることが求められるビジネス電話は、ムダな時間を徹底的に排除することが必要です。

些細な聞き間違いでも誤解を生む原因にもなりますし、何度も繰り返し確認することによる時間的なロスも無視できません。

同じ話を2度している暇は、ビジネスの電話にはないのです。

そのため電話応対の上級者は、誤解の余地のないような話し方を身につけています。意味の伝わりにくいむずかしい言葉は使いませんし、聞き取りにくい言葉や同音異義語などの確認は欠かさないものです。

誰でも理解できる平易でわかりやすい言葉の選び方、表現のしかたはビジネス電話応対の上級者としては基本中の基本といえます。

■同音異義語・間違いやすい言葉一覧

「同音異義語」を伝える言い方
科学 ▶ サイエンスのカガク ／ 化学 ▶ バケガクのカガク
川 ▶ サンボンガワのカワ ／ 河 ▶ サンズイのカワ
終了 ▶ オワルのシュウリョウ ／ 修了 ▶ オサメルのシュウリョウ
私立 ▶ ワタクシリツ ／ 市立 ▶ イチリツ
橋 ▶ ワタルほうのハシ ／ 端 ▶ ハシッコのハシ
聞き間違えやすい言葉
「主任・主人」「病院・美容院」「石川・市川」「渋谷・日比谷」 「須田・津田」「千葉・千田」「本間・本田」「更新・送信」
聞き間違えやすい数字
「１・７」「８本・１００本」「１０枚・１０万枚」「１０人・１２人」 「１０号車・１５号車」
数字の聞き間違えを防ぐ言い方
「１／イチ」「２／ニ」「３／サン」「４／ヨン」「５／ゴ」「６／ロク」 「７／ナナ」「８／ハチ」「９／キュー」「０／ゼロ・レイ・マル」

4-11 基本は1分間に350字で話す

体にベストの速さを染み込ませる

話し方のプロといわれるアナウンサーがニュースを読むスピードは、一般的に1分間に380字程度の速さ（400字詰め原稿用紙1枚弱を読む速度）といわれています。ニュース原稿を読み上げる場合は、文章になっている原稿を見て、事実を淡々と伝えるので、かなり速いペースです。

その点、電話では言葉のやり取りをするために、聞き取りやすさを考慮して1分間に350字くらいがベストとされています。

自分の話のスピードを認識するのは意外にむずかしいものです。

適度な速さを覚えるには、350文字の原稿を1分間で読み上げる練習を繰り返し行ない、聞き取りやすい速度を感覚で覚え込むしかありません。

その感覚がだいたいつかめたら、目の前に相手がいるつもりで、新聞記事を説明する調子で読んでみるのも表現力の強化には効果的です。

「話す」というよりは、**「伝える」という気持ちで言葉を発する**ことができるようになったら、あなたも立派な上級者といえます。

もちろん相手に合わせる努力も

ただし、ベストの速さが1分間に350字とはいえ、電話は「相手ありき」ということを忘れてはいけません。基本のペースが身についたら、あとは**会話の相手とペースが合っているか**ということに気を配りましょう。

落ち着いて説得したい場合や、ご年配者や子供さんと話すときには、相手の理解度に応じて330字くらいのペースに落としてもいいでしょう。

話し相手と横に並んで歩きながら話していると考えてみてください。当然、歩くスピード、歩幅なども含めて同じように合わせていかないと、いつの間にか相手と離れて会話ができなくなってしまいます。

このように、こちらが相手の呼吸、調子、会話の長さなどに合わせていくことで、相手と歩調が合った共感・安心感のある会話ができるのです。

「話がかみ合う」という表現がありますが、それはこの共感が得られた状態を表している言葉なのです。

5章

ホンネの電話！「聞く」極意

5-1

ポイントは「聴く」と「聞く」の使い分け

電話は「聴く」ばかりではいられない

一般的に電話応対では、相手の話を「聞く」ではなく「聴く」ことが必要だとされています。話を「聴く」というのは、話し手がいいたいことをうまくいえるようにサポートするということです。相手の表情が見えない電話は、**話し手のいいたいことが何かをつねに先回りして耳を傾ける**ことが必要です。

つまり、相手の真意を引き出す質問や凝った相づちを打ちながら、相手の話をリードしていくという積極的な耳の傾け方です。

それに対して「聞く」は、自分の意思とは関係なく、音声を受信するという意味合いが強く、たとえ望まなくても、音や声が大きければ自然に耳に入ってくるような状態を指し、当然聞き流すことも含まれます。

この違いから、一般的には電話では相手の話に心を傾けて「聴く」ことが必要だといわれているわけです。

しかし、実際の電話応対では、相手の話だけに集中するのは、むずかしいこともあります。「パソコンの画面を見ながら」あるいは「メモをとりながら」相手の話を聞くようなことも多いでしょう。

他のことを考えていると、相手の話は頭に入ってきません。音声としては入力されますが、相手のいわんとしている意図や背景まではつかめない「聞き流す」状態になっているのです。

逆にいえば、話を聞きながら何かを適切に判断したり、考えをまとめるためには、ある程度聞き流す必要が出てくるのです。

「聴く」と「聞く」を使い分ける

そこでポイントになるのが、「聴く」と「聞く」の使い分け。**話の大切なポイントでは「聴く」、その他のことは「聞く」ようにする**のです。

つまり、相手の話を「聞き」ながら、大切なポイントに話が入ってきたら、手を動かす割合を減らし、タイムリーな相づちを打ったり、不明な点を質問する「聴く」態勢に入るようにするのです。このように要所要所に「聴く」ポイントをつくることで、積極的に聴いているということを相手に伝えることができます。

5-2 会話を収めたいときはむやみに相づちを打たない

電話を早く切りたいときには

電話中にタイミング悪く、他の大事な電話がかかってきたときなど、「早くこの電話を切りたい」と思うときは誰にもあるはずです。

しかし、「今忙しいから」「時間がないので」とむげに切れない場面はたくさんあるものです。とくに久しぶりに話す友人や、何かとお世話になっている得意先からの電話は、なごやかに会話が弾み、「いけないと思いながらも」ついつい長電話になりがちです。

そんな相手に「今、忙しいので」とはいい出せないもの。

こんなとき、やむをえずにしろ有効なのは、相づちを打つトーンを「上の空」のような感じにし、次第に相づちの頻度を落としていく、というテクニックです。

こうすることで、相手の話を調子づかせることなく、会話をストップさせることができます。

それは、会話の主導権は、聞き手が担っているからです。

「なるほど」「それでどうしたんですか」「それは大変でしたね」「すごいですね」「さすがです」など、愛想のいい相づちは会話を弾ませるエンジンのようなものです。これさえストップさせてしまえば、会話も止まるのです。

プロの現場でも使われているテクニック

もちろん、いつもこのような上の空の会話をしていたら問題ですが、こうしたテクニックは私が専門とする「テレマーケティング営業」の仕事でも活用されています。

テレマーケティングでは、顧客の購入の見込みの有無を判断しながら会話を進めていく必要があります。

購入の見込みの低い相手と会話を弾ませてしまっては、時間のムダになるのです。

そういうとき、会話を調子づかせないために、**むやみに「相づち」を打たない**という方法をとるのです。

もちろん、まったく相づちを打たないのは、失礼な印象を与えてしまいますので、最低限の相づちは打つことになりますが、いずれにせよプロの現場でもこうしたテクニックは使われているのです。

5-3
トラブルを招く相手を突き放す相づちもある

相づちで話が2倍にのびる

アメリカの心理学者マタラッツォの実験で、うなずきを頻繁に入れると、相手の話す時間が2倍近くのびる、ということがわかったそうです。

これは相手が反応して聞いてくれると、人は気持ちよく話しつづけるということを表しています。

実は、これは私も「電話応対コンクール」を通して実感していることです。

相手の顔が見えない電話でも、会話の中でうなずいているようすが声を通して想像できるのです。にこやかな声の向こうには、柔らかい表情でうなずいている顔が目に浮かぶのです。

そして、こうした電話での「うなずき」を演出するのが「相づち」です。

相づちとは、ご存知のように「はい」「ええ」「いいえ」「そうですね」など、相手が話しやすいように聞き手が話に合わせていう言葉です。

相手が**「……で大変でしたよ」**という感情的な言葉を発したら、**「それは困ったでしょう」**と共感を示したり、「へぇ～」「そうですか」「なるほど」などの驚きや関心を示す相づちもあります。

こうした相づちが効果的に打てるようになったら、会話は間違いなく今以上に弾むはずです。

突き放す相づちは厳禁

「相づち」は、基本的に相手を会話に「引き込む」ためのものです。

実際、相手がうまい相づちを打ってくれると、どんどん調子に乗って話したくなるもの。先ほどの実験結果も、そうした現象を裏づけるものです。

しかし、反対に相手を「突き放す」相づちもあるのです。

「突き放す」相づちは誤解が生じやすく、好感を与える言葉とはいえません。とくに、声が唯一の伝達手段である電話においては、こうした相づちを使うとトラブルにつながることもあります。

次ページに相手を「引き込む」相づちと「突き放す」相づちを一覧にしておきました。

自分が、普段しっかりと「引き込む」相づちを使っているか、「突き放す」相づちを使

■「相づち」の２タイプ

引き込む相づち	突き放す相づち
「おっしゃるとおりです」	「そうはおっしゃいますが」
「なるほどそういうことですか」	「そうですか」
「素晴らしいですね」	「おっしゃることがわかりません」
「さすがですね」	「それは無理です」
「それは大変でしたね」	「おそらくだめでしょう」
「それでどうなさるんですか」	「それはないでしょう」
「それはすごいですね」	「それは決まっていることです」

ってはいないかをチェックしてみてください。

もちろん相づちには、打つタイミングも大切です。相手の話の合間には、「はい」「ええ」などの短い相づちを入れ、間が開いたら**「おっしゃるとおりです」**などの引き込む相づちを打つようにするのが基本になります。

相づちを打とうとするあまりに、相手の話が終わらないうちに、かぶせるようにしたり、相手の話の切れ目に関係なく打つのでは、たとえそれが引き込む相づちであっても逆効果。

的確なタイミングで、的確な相づちを打つことで、相手に「聞いていますよ」というメッセージが伝わります。

話し下手の人であっても、**相づち一つで相手との距離を縮めることができる**のです。

5-4 復唱の目的は確認だけではない

復唱は電話応対の基本

「相手の会社名」「名前」「連絡先の電話番号」など、間違えてはいけないことを「復唱」するのは電話応対の基本です。具体的には、相手のいったことをそのまま繰り返し、フィードバックすることで確認する方法がとられます。

例えば、

お客様「昨日そちらで買ったワイングラスにヒビが入っていたんだけど」

応　対「それは大変失礼いたしました。昨日、当店でお買い上げいただいたワイングラスにヒビが入っていたということですね」

お客様「家に持ち帰ったら、すでに2個セットの1個にヒビが入っていたから、最初から割れていたんじゃないかな」

応　対「2個セットの1個にヒビが入っていた、ということですね。それは誠に申し訳ございませんでした」

という具合に、お客様がいった言葉をそのまま繰り返し、お客様に聞いてもらいながら話を進めるわけです。

こうすることで内容の確認ができ、なおかつ相手にも「自分の話をちゃんと聞いてくれている」という安心感を与えることができます。

復唱によって周りに情報を伝達する

こうした復唱には、実はもう一つ見落とされがちな効果があります。

それは、繰り返し声に出すことで、**「周囲の人たちに電話相手の情報を同時に伝達できる」**という効果です。

つまり、声に出して復唱することで、その内容を耳にした周囲の人たちがいち早く反応して、対応をとることができるのです。

例えば、**「私からも一言お礼をいいたいから代わるよ！」**と上司にいわれたり、**「その商品は今、在庫切れ！」**と隣の同僚から情報がきたり、**「クレームなら代わろうか？」**と先輩から助け舟を出されたりということが、復唱によって起こってくるのです。

受け答えのようすを周囲にも知らせることは、電話応対をよりスムーズに運ぶことにつながります。ぜひ、相手だけでなく周りにも伝わるような復唱を心がけましょう。

5-5

話を中断させて核心に誘導する

「濃い」会話をするためにあえて話を中断させる

一般的には、聞き上手になる条件とされている「話を最後まで聞く」というマナーを、忙しいときなど私はあえて無視することがあります。

例えば、部下が延々とできなかった言い訳ばかりをして、なかなか次の行動について話さないときなど、**「その失敗から学んだことは何？」「次にどうしたらいいと考えているの？」**と、話をあえて中断することがあります。

こういう人は、話の目的を意識せずに、頭の中にあることをただ単に口に出しているため、話が長くなっているのです。

短い時間に内容の濃い話をするためには、**必要に応じて「相手の話を中断する」**という選択肢もあります。とくにこれは、電話で報告を受けるような場合などには必須のテクニックです。

中断するべき3つの局面

もちろん、自分の話をするために相手の話をさえぎるのは問題ですが、相手に話させたいことを話してもらうようにするための中断は、まったく問題がありません。

「相手に嫌われたら」「生意気だと思われたくない」という不安があるかもしれませんが、次のこんなときは、むしろ勇気をもって話を中断してください。

①延々と状況説明ばかりし、なかなかテーマの核心に入らないとき
②いろいろなことに話が飛び、テーマから外れていくとき
③他人の考えばかり説明し、自分の考えに触れないとき

相手がこのような状態であったら、すかさずこちらから、

「今日、私どもが承らせていただくご用件を改めて教えていただけませんでしょうか?」
「お客様のご用件を、もう一度おうかがいしてもよろしいでしょうか?」
「お客様のご要望を確認させていただいてもよろしいでしょうか?」

といって、話を核心に誘導していくようにしましょう。これらの言葉は、相手にとっても要点を話すきっかけになります。むしろ話がスムーズに進むようになるでしょう。

5-6 的確な質問でニーズを聞き出す

「聞く力」が売上げを伸ばす

話の「聞き方」によって相手の反応はまったく違ってきます。

以下は、カタログ販売で「パソコンを買いたい」というお客様に対し、「品切れ」の場合の２人の営業社員の応対です。比較してみてください。

Sさん「申し訳ありません、あいにくその**機種**は**完売**してしまいました」
お客様「それは**残念**」
Sさん「お客様は、どのようなパソコンをお**探**しですか？」
お客様「ええ、ノート**型**ですけど、まだどれにするか**検討中**なんです」
Sさん「それでしたら、**新発売**されたばかりのいい**商品**があります。**最新式**なのでもっとも**軽**いのが**特徴**です。それにこれは……」
お客様「そうですか……いろいろ**比較**してみて、また**連絡**します」

聞き流されて、話が終わってしまいました。

これは、ひとえに相手のニーズの掘り起こし方が浅かったことに原因があります。

Sさんは、相手のニーズについて「ノート型」と聞いただけで、営業をはじめてしまいました。相手のほしいものがはっきりつかめていないわけですから、これではどだい売上げには結びつきません。

顧客は、基本的に自分の興味のある商品についての情報しか耳に入らないのです。

次にもう1人の営業社員の応対です。

Aさん「申し訳ありません、あいにくその機種は完売してしまいました。お客様は、どのようなパソコンをお探しですか?」
お客様「ええ、ノート型ですけど、まだどれにするか検討中なんです」
Aさん「お客様がお使いになるのですか?」
お客様「いや、実は使うのは私ではなく、初心者の父なんです」
Aさん「そうですか、初心者の方ですか。どのようなことにお使いになるのでしょうか?」
お客様「基本的には、インターネットとか、文書をつくったり……」
Aさん「では、25ページの一番上に載っているA-304ではいかがでしょうか? 今、同時

にネット会員になっていただくと入会金が無料になっております」

こちらでは、しっかりと会話が弾んでいます。

これはAさんが、「**お客様がお使いになるのですか？**」と、もう一段階**踏み込んだ質問をする**ことで、「パソコン初心者のお父さんのために」というニーズを引き出し、それに合わせてさらに相手の情報を掘り起こし、それから営業をはじめているからです。

お客様のニーズを「聞く」営業

こうした「聞く営業」であれば、相手も「私の状況を知ろうとしてくれている」と、相談相手として安心しますし、相手のニーズにぴったりと合った営業をすることができます。

よく「商品知識があっても売れない」営業マンがいますが、これはおそらくこうした「聞く力」がないからです。

とくに商品が高額で専門性が高いほど、「聞く力」は大切になります。

営業で伸び悩んでいる人は、一度自分がどのくらい相手の話を聞いているかを再チェックしてみるといいでしょう。

5-7

電話ならではの「次につながる」営業ができる

電話営業の他にはないメリット

私はさまざまな商品の販売をテレマーケティング営業で実践してきましたが、他にはない電話営業ならではの威力を何度も実感してきました。

まず、何といっても1本の電話で全国どこにでも瞬時にアクセスでき、その場で営業を展開できることです。

相手の手応えをつかみながら、感触に沿った販売をタイムリーにできるのがテレマーケティングの強みです。いくらインターネット販売が盛んになっても、相手の反応はダイレクトにはわかりません。

また、突然の電話でタイミングが悪くとも、相手の都合を確認し、ゆっくり話せる日にちや時間をアポイントできるというのも電話ならではの強みです。

こうした「次につながる営業」ができるという点においては、電話営業は比類のない手段ということができるでしょう。

顧客との会話自体を財産と考える

「次につながる営業」という点でいえば、「いらない」と断られたときに「どういう理由で不要なのか」という情報を取得できるところも、電話営業のとても大きな強みです。

断られる理由も細かく分析してみれば、「まったく興味がない」「使い道がなく不要」「最近、類似商品を購入した」「近い将来、使う可能性がある」「今はいらないが将来は使ってみたい」など、さまざまなものがあります。

こうした情報をしっかりと吸収しておけば、次回の営業に大いに参考になります。

また電話営業では、本来の目的以外の情報が副産物的として手に入ります。キーマンの名前や部署、連絡先電話番号、売上げ、従業員数、今の利用実態、競合商品の利用状況、検討時期などなど。

こうした情報の蓄積をデータベース化しておけば、次の販売戦略への大きなきっかけにすることができます。これは営業部員だけではなく、会社全体にとっても大切な財産といえるでしょう。

ですから、もし電話営業で「いらない」といわれたときでも、「なぜいらないのか？」と**理由を質問する習慣をつける**ようにしたいものです。

5-8

受けた電話で「会話ドロボー」になってはいけない

電話はかけたほうに話がある

電話は「話す」「聞く」のキャッチボールで成り立ち、話をしたいほうが電話をかけ、受けたほうが聞くというコミュニケーション手段です。

しかし、電話を受けていながら、かけてきた人よりたくさん話をしてしまうことがしばしばあります。そのような電話はたいてい、何の電話をもらったのかがわからなくなるようなムダ話になるものです。

これは、「相手がどのような用件でかけてきたのか」を考えるより先に、自分に意識が向いているために起こりがちな状況です。

もともと話を聞くときには、自分の体験や知識と照らし合わせて「よい・悪い」の価値判断をしながら聞きがちです。その傾向が強すぎると、「相手のためになることを伝えよう」という意識が働くあまり、ついつい自分の話をして、ついには「会話ドロボー」になるわけです。

■会話ドロボーにならないための５つの聞き方

❶相手を尊重する気持ちで聞く
❷素直な気持ちで聞く
❸否定的ではなく肯定的に聞く
❹別の話題をもち出して水を差さない
❺上手な質問で話を引き出す

電話はかけてきたほうが通話料金を負担することからも、相手の話を聞くのを怠り、自分の話に集中してしまうことは避けなくてはなりません。

「電話はかけたほうに話がある」ということを忘れないようにしましょう。

もし相手の話を聞きながら、「早く終わらないかな」「何度も同じことをいっている」「要領が悪い人だな」などと考えはじめてしまったら、相手の話より自分に意識が向いている証拠かもしれません。

受けた電話で「会話ドロボー」にならないためには、まずは**相手を認め、相手の気持ちを考えながら、相手に気持ちよくなってもらう**聞き方を心がけてください。

具体的には上の５つの点を意識して相手の話を聞くことができれば、今日から「会話ドロボー」は返上することができるでしょう。

5-9 プロの電話は両耳・両手を自在に使う

受話器と反対の耳を使えるようにする

電話応対の新人教育では、まず**利き手でメモ、もう一方の手で受話器をとる**という基本動作を徹底的に身につけさせます。

しかし、ワンランクアップのプロの電話応対としては、これでは不十分。

プロの電話応対では、「両方の耳を使う」「両手を利き手のように自在に使う」ことを目指す必要があります。

両方の耳を使うというのは、**受話器を当てている側で相手の話を聞き取り、反対の耳で周囲の人たちの指示や用件を聞きとる**ということです。

電話の応対をしていると、周りから「**終わったら、代わって！**」「**明日の納品は無理！**」「**それたった今、完売！**」などの情報が飛んでくることがあります。受話器を当てているほうの耳だけに集中していては、こうした声を聞き逃してしまいます。

通話相手との声と同時に、周囲から飛び交う用件や速報の声を素早くキャッチして対応できるようになれば、プロの電話応対といえるでしょう。

両手を使うメリットとは

また、両手を利き手のように自在に使わなければいけないのは、電話をしながら以下のような作業の効率をアップさせるためです。

①メモをとる
②書類を確認する
③パソコン操作をする
④周囲の人にサインを送る

このような作業が素早くなるだけで、電話応対自体の効率も飛躍的にアップします。

まずは、利き手と反対の手で電話をとる練習からはじめてみてはどうでしょうか？

もちろん電話の相手に集中することも大切です。しかし、プロの電話応対には、そこから一歩進んで、広い視野をもって内容の濃い仕事をすることが求められているはずです。

仕事に不慣れな新人のうちは、自分の電話に集中することで精一杯かもしれませんが、「両手」「両耳」を使うことを意識するだけで、だいぶ効果はあると思います。ぜひチャレンジしてみてください。

6章

ホンネの電話！「姿勢と心構え」の極意

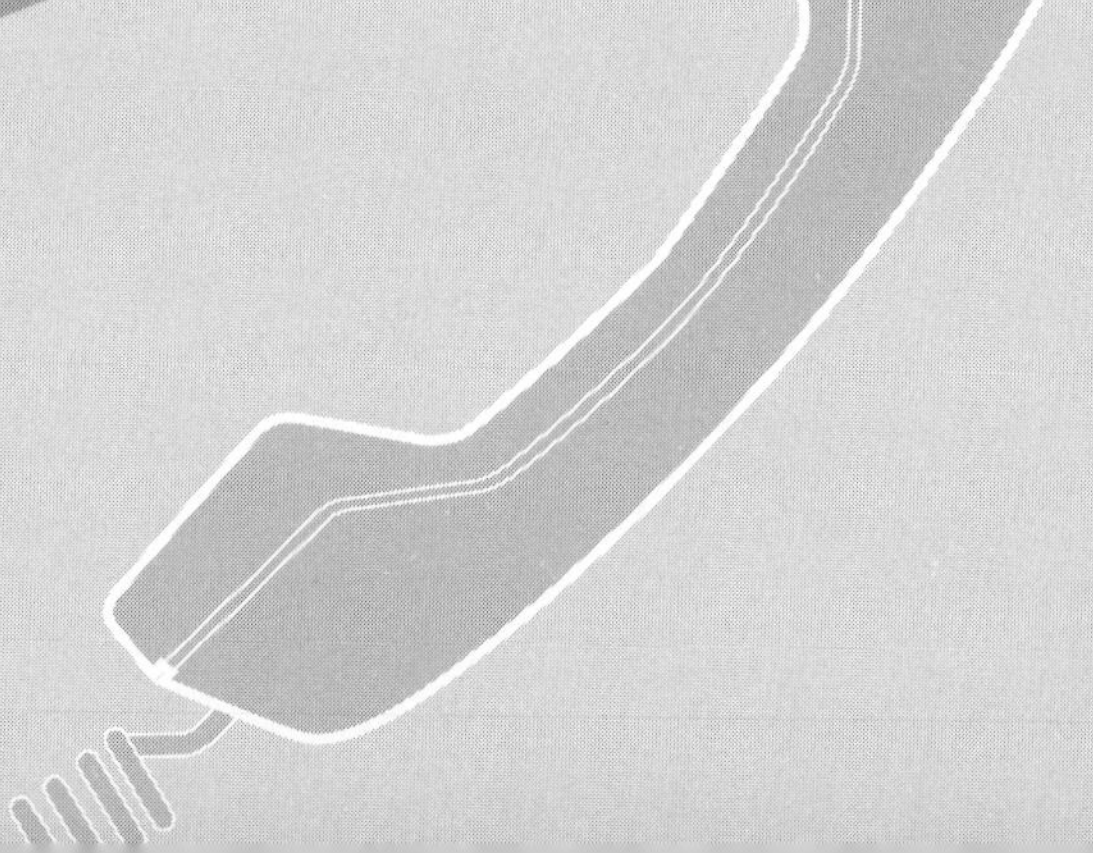

6-1 断られてもフォローをきちんとする

相手の答えをネガティブに解釈しない

営業の電話では、「忙しい」「時間がない」「必要ない」「興味がない」という理由で断られることが多いものです。

最初のうちは、一度「断り」をもらうと、次の電話がとたんに怖くなったりしますが「**もう電話をかけてこないで**」といわれない限りは、**定期的に電話をかける**のは悪いことではありません。相手も人間ですから、職場の環境や条件により気分も変化します。

「**いつ頃でしたらご都合がよろしいですか**」と聞くと、「**来月に入ったら**」「**11月くらいになれば**」と具体的に答えてくれる人もたくさんいます。

これを「婉曲《えんきょく》な断り」とネガティブな答えのように考えてあきらめてしまったら、営業のチャンスをみすみす逃していることになります。

成果が出るかどうかは考え方一つ

むしろ大事なことは、「来月に入ったら」といわれた人には、来月になったら**必ず電話をする**ことです。気を使いすぎて電話をしないようではプロ失格です。

「前回お電話したときに、10月になれば多少お時間をいただけるとうかがいましたので、お電話をさせていただきました」

と話せば、相手も文句のいいようもないですし、むしろきちんと約束を守って電話をかけてきたあなたの熱意を理解してくれるでしょう。

こうした**フォローをきちんとしていく**ことが、信頼感を生み実績をもたらすことにつながるのです。つまり、考え方一つでチャンスをつかめるかどうかが決まるのです。

以下の5つは、私が専門にしている電話営業の世界で成果を出すための基本になっている考え方です。参考までにご紹介しておきます。

①キーマンと話すために、日にち、曜日、時間帯を変えて何度も電話をするのが基本
②電話営業は確率論。自分の平均打率を考えて一件でも多くかけることが必要
③相手に関心や興味がなくて断られたときには、その場はいさぎよく引き下がる
④断られた相手に「この時間なら」「この時期なら」といわれたら、指定されたときにきちんと電話をかける
⑤次のアプローチがしやすいように状況を考えた電話の切り方をする

6-2 クレーム電話に「まず謝る」は危険

冷静に対応してはダメ

クレーム電話がこじれる原因のほとんどは「感情」の問題です。

最初は些細なことだったはずの問題がマイナスの感情を巻き込んで大きくなり、もう引き返せないような状態になってしまいます。

こうならないために肝心なのは、**最初の段階での相手の感情の処理**です。

多くの失敗の原因は、顧客の感情を無視して論理で解決しようとするところにあります。

一般的に「クレーム対応は冷静に」といわれますが、感情が高ぶり怒っている相手に、ただ冷静に対応してもだめなのです。

あまり、こちらが冷静なようすを見せると、相手は「この人には自分の大変な状況がわかっていない」と判断してしまいます。そうなると、「大変な思いをしている」とわからせようともっと怒り出すのです。

そうならないためには、「頭は冷静に、ただし態度は相手の感情に合わせて慌てている」

という対応が必要です。

興奮している相手へのクレーム対応では、

「**ええっ、そんなことがあったんですか……**、**それはお怒りになるのはごもっともです**」と、相手のテンションに合わせて、相づちをタイミングよく打ちながら感情を受け止めるようにします。

「ただ謝る」では逆効果の場合も

一般的には、「まず謝る」というのが、クレーム対応の定説です。

これを一概に否定はしません。ただし、ただ謝罪を繰り返すのは、上手なやり方とはいえません。

一方的に謝ってしまうことは、こちらの非を全面的に認めることになります。これはクレームの内容によっては適切ではありません。

それに、ひたすら「**すいません**」「**申し訳ありません**」を連発するのは、相手のためではなく、「これ以上、こちらを責めないで」という自己防衛の態度になっている場合も多いものです。

そうした態度が透けて見えると、「**謝るより先に、まずこちらの話をしっかり聞け！**」

とさらに怒りはじめてしまうものなのです。

謝ることと非を認めることは別問題

では、どのような謝罪が効果的なのでしょうか？

それは**「謝る理由を明確にする」**ということです。

つまり、「まず謝る」にしても、「相手が今回のことで気分を害したことに対しての謝罪である」ということをはっきりさせた上で謝罪するのです。

具体的には次のようなフレーズになるでしょう。

「不快な思いをさせてしまい、まことに申し訳ありません」

「ご不快な思いをされたことにつきまして、心からお詫び申し上げます」

しかしやはり、「謝ることと非を認めることは別問題」ということは、はっきりさせておきたいものです。

相手に誤解を与え、「だってあんなに謝ってたじゃないか」ということになれば、クレームがさらにこじれることになります。

6-3 お客様は平等ではない

ロイヤルカスタマーという考え方

この項は、プロとしての心構えというより、考え方についての話になりますが、お客様のすべてが平等ではありません。

近頃は、ロイヤルカスタマー（優良顧客）として顧客を特別扱いするというサービスが普通に行なわれています。このロイヤルカスタマーとはどのような人たちを指すのでしょうか？

一般的には、自社にとって多くのメリットをもたらしてくれる顧客のこと。もっと具体的にいえば、高額の購入をしてくれる顧客のことです。

パレートの法則という経済法則があります。これは、お店の売上げの80％は、上位顧客の20％による、というものです。この上位顧客の20％の人たちは、お店にとって大きな利益をもたらしてくれます。

こうした顧客を一般的な他の顧客より特別に扱うのは、（心情的な問題を抜きにすれば）

ビジネスの原則として、まったく正しい考え方です。

「特別な顧客」には「特別なおもてなし」

ロイヤルカスタマーには、そのお客様自身のビジネス的価値が高い人も含まれます。たとえば文化人や芸能人など、他の人への影響力が大きい人や、有名企業や大きな団体の役員など、所属する組織への影響力が大きい人たちです。

こうした人たちがそのお店やサービスを利用している、というだけでお店や企業のステータスが上がり、扱っている商品やサービスの価値が高く見えるという効果があります。そうした顧客を大切するのは、広告宣伝への投資と同じことです。

もちろん、基本的には「どの顧客も公平に」ということがサービスの大原則ではありますが、特別な顧客には「特別なおもてなし」で接することも、「お客様に合わせたサービスの提供」ということに他なりません。

ただし、ここで間違ってはいけないのは、**一般の顧客に対するサービスも十分に行なった上**での「特別なサービス」という点です。

通常の応対サービスの質を落とすのではなく、「特別なお客様にはもっと高いサービス」と考えることが重要です。

6-4 上手な留守番電話の吹き込み方

留守電には「素の姿」がでる

最近では、カードをつくる際の所在の確認業務などでも、個人情報保護法の観点から、当人以外の人が伝言を聞く可能性があることを考慮して、あえて留守電に吹き込みをしなくなっています。

しかし、受ける側からすれば無言の電話というのは気になるもの。

そこで、当人以外に聞かれても差し障りのない内容であれば、「どこの誰から」「何の用件で」「再度電話をかける」といったことを簡潔に吹き込む会社も多いようです。

ところが、実際にこの録音を聞いてみると、「感じのよいメッセージ」に、いまだに出会ったことがありません。

これは、電話をかける側に「吹き込みをする心の準備」ができていないためではないでしょうか。当人が出るという前提でかけたら、留守番電話だった、という状況に不意を突かれ、吹き込みのメッセージに「素のままの姿」が表れてしまうのです。

その「素の姿」が暗い感じだと、相手に「いつもは感じがいいのに、本当は暗い人なのかも……」と思われかねません。

留守番電話へのメッセージは、残し方さえ正しければアピールになりますが、自信のない人、上手にできない人は、あえて吹き込まないのも一つの手かもしれません。

留守電の吹き込み方の作法

しかし、下手だからといっていつも避けていたら、本当にメッセージを吹き込まなければならないときに困ります。そこで、次のことを参考に自分の録音を見直してみるといいでしょう。

まず、受話器の位置を口から握りこぶし1個分くらい離し、話して音が割れないようにします。次にメッセージの内容をまとめて、できるだけ端的にいうようにします。

以下のようなパターンが基本でしょう。

「**○○社の△△です。××の件でお電話いたしました。お戻りになりましたら、ご連絡をお願いします。連絡先は○○○-○○○○-○○○○です**」

メッセージは短いほうが伝わります。この例を参考にパターン化した定型文をつくっておいてもいいでしょう。

6-5 最初の「つかみ」はあらかじめ準備する

「つかみ」でその後の話の展開が決まる

例えば、マンションを探している人に「**あのマンションすごく値下げしてるらしいよ**」といえば、「**えっ！　それどこ？　いくらくらい？**」と相手の興味を引くはずです。

こうしたはじめの一言のインパクトによって、その電話がうまくいく可能性は大きく変わってきます。

会話には、「つかみ」と呼ばれるものがあります。相手を話に引き込みたいのなら、できるだけ早く相手の心をつかむことです。何事も最初が肝心です、時間がたてばたつほどそのチャンスは少なくなります。

しかし、興味を引こうとするあまり、突拍子もない話や、用件とは場違いな話をしてしまえば、相手もしらけてしまうか、電話を切られてしまいかねません。だからこそ、はじめに何を話すかは、念入りな準備が必要なのです。しかし、準備といっても、マニュアルやスクリプトに書いてあるお決まりの文句ではうまくいくはずもありません。

モンローの5段階法で心をつかむ

話のつかみは、相手に、そしてそのときの状況に合わせたものにしましょう。

アメリカの言語学者のモンローは、プレゼンテーションにおいて相手の興味を引く方法として、次のような「5段階法」を説いています。

これは電話のつかみを見つけるためにも大いに参考になるでしょう。

①注意・関心➡相手の注意を引く

「駅前の高級マンションがあと1戸で完売になります」

②欲求➡相手に聞きたいという欲求を起こさせる

「完売御礼セールとして特別価格でご案内しておりますが、ご興味はありませんか」

③満足➡相手にこれこそ自分の欲求を満たすものだと感じさせる

「残りの1戸は3LDKで4階の東南の角部屋です」

④具体化➡その結果、得られる満足を具体的に示す

「日当たりもよく、それに交通の便もよい物件です」

⑤行動化➡その結果の満足を得るために、行動することを相手にすすめる

「めったに出ない掘り出し物です。ご検討の価値は十分にあると思いますが」

6-6 「口癖」は会話の質を落とす

電話での会話はムダなく

どんな人にも「なくて七癖、あって四八癖」といわれるくらい、癖はあるものです。しかし、とくに「口癖」「言葉癖」は、ほとんどの人が自分では気がついていません。

そんな自分の癖を確認するために、一度自分の会話を録音して聞いてみるといいでしょう。きっと驚くほど自分の話し方に癖があることに気がつくでしょう。

「口癖」とは、例えば、言い出しに必ず「え～」「ま～」「その～」「あのう～」などをつけたりすることです。

普段は出ない口癖も、電話で初めて話す人や相手の役職がかなり上だったりしたとき、緊張のあまり、「**あの～今日は、えーと、私どものご提案をさせていただきたいな～と思い、お電話をいたしました**」など、思わず出てしまうこともあります。

これでは聞き手のほうもイライラして、話を聞く以前に不快感と、ビジネスの電話としてあまりに稚拙な印象を抱き、思わず切りたくなります。

とくに電話での会話は、短い時間の中で簡潔にムダなく話すことが求められます。余計な口癖は会話の質を落とす要因になるのです。わかりやすい話をするには、**まずは口癖を排除する**こと、これが大切です。

プロに「話し癖」は許されない

また口癖に加え最近では、「話し癖」で気になることもたくさんあります。

話し癖とは、**「〜的」「〜のほう」「〜の形」「〜でよろしかったですか」「ぜんぜん大丈夫です」**などの学生や若い人が使うような「話し方」の癖です。

電話のプロを目指すのであれば、こうした言葉遣いを癖だからと開き直らないで、正しい日本語を使えるようになりたいものです。

口癖・話し癖をなくすには、次の2つのことを「つねに意識して実行する」ことが大切になります。

①「絶対にいわない」と決意すること
②出てきそうになったら「ぐっと飲み込む」こと

これだけです。こうした強い意識をもてば、だんだん口癖・話し癖は減って、やがて解消されるはずです。

■直したい「話し癖」一覧

「～的」

「私的には合っていると思います」
➡私は合っていると思います

「性格的には穏やかです」
➡性格は穏やかです

「～のほう」

「会社では営業のほうに所属しています」
➡会社では営業に所属しています

「こちらのほうへどうぞ」
➡こちらにどうぞ

「～の形」

「請求書はこのような形になっております」
➡請求書はこちらになります

「それは規則にはない形です」
➡それは規則にはありません

「～でよろしかったですか」

「ご注文は以上でよろしかったですか」
➡ご注文は以上でよろしいですか

「これでよろしかったですか」
➡これでよろしいですか

「ぜんぜん～」

「ぜんぜん大丈夫です」
➡まったく大丈夫です

6-7 最後の電話では次につながる可能性を残す

最後の電話も気持ちよく

電話応対に限らず、お客様への応対は「一期一会」であることも多いものです。

たとえば、加入しているクレジットカードをあまり利用しないので「解約」したいという電話がかかってきた場合、そのお客様とは今後つき合いがなくなってしまうわけです。

企業にとっては、せっかく獲得したお客様を逃がすことになりますから、そのような申し出には、もちろん解約を引き止めるトークをします。

しかし、解約を申し出るときには**お客様のほうもそれなりに気を使うもの**です。そんなときに、いかに気持ちのよい応対ができるかは、**会社の評価にも影響**します。

会社にとって、お客様を引き止められるかどうかは確かに重要です。しかし、もっとも気を使わなくてはならないのは、むしろ別れ際です。

「**何か不都合がおありでしたか？　もし、よろしければ、今後のサービスの参考にしたいので、ぜひ解約の理由を教えていただけませんか？**」

こんなふうにいって素早く解約手続きをしてもらったら、相手も気持ちよく電話を切ることができるばかりか、後ろ髪を引かれる思いすらするかもしれません。

潜在的顧客を確保する

最後の締めくくりの挨拶は、

「**○○さま、今日までご利用いただきありがとうございました。これからもまた機会がありましたら、ぜひよろしくお願いいたします。失礼いたします**」

ここまでいうことで、電話を切ったあとには間違いなく、さわやかで温かい余韻を相手に残すはずです。好印象の余韻を残すことは、潜在的な顧客としての可能性を持続していくことにつながります。

これは、定年になる取引先の担当者との最後の電話、引っ越すことになった顧客との最後の電話など、あらゆる別れ際にいえることです。

また縁があったときに「**次もぜひこの人に**」と名指しされるような電話応対。それもまたプロの目指すべき境地でしょう。

7章

「プロ」のメール 基本と応用テクニック

7-1 電話とメールの威力の違い

まずは電話とメールの特性を知る

電話にならんで、現代において仕事に欠かせないコミュニケーション・ツールになっているのが、メールです。

私も、メールは3度の食事のように毎日チェックをし、返信しています。

封筒に入れる必要もなく、切手もいらず、投函する手間も一切不要なメールは、手軽にタイムリーに顧客との信頼関係を育むことができるツールであると実感しています。

しかし、ビジネスで使うものである以上、そこには正しい使い方というものが存在します。ここでは、今まで解説してきた「電話」というツールと比較をしながら、メールの特性について考えてみたいと思います。

電話のメリット・デメリット

電話のメリットとデメリットをメールとの比較でまとめると以下のようになるでしょう。

メリット：基本的に誰とでも話せる／相手の反応が瞬時にわかる／即答を得られる／微妙な感情表現ができる

デメリット：コストが高い／相手の時間を拘束する

緊急性の高い場合やすぐに返事がほしいときなどは、メールではなく電話に限ります。こちらが「すぐ伝えたい」「すぐに返事がほしい」というときは、相手がいつ読むかわからないメールではいけません。

また電話では細やかな感情表現が可能です。喜び、感激、怒りなどをストレートに伝えたいときには、メールよりも電話を使ったほうがいいでしょう。

また、年配の人を中心に、メールより電話のほうが落ち着く・安心できるという人はまだまだたくさんいます。

メールを送っても返信よりさきに電話をかけてくる人などには、「**電話のほうがよろしいですか？**」と聞くのも、相手への思いやりです。

こうした点はメールより電話がすぐれているといえます。

メールのメリット・デメリット

一方、メールについてメリットとデメリットをまとめると以下のようになります。

メリット：どんな時間にも送信できる／相手を拘束しない／証拠として保存できる／コストが安い

デメリット：間違いメールが多い／迷惑メールが多い／まだ使えない相手がいる／相手がいつ見るかわからない

相手の状況を気にすることなく自分の好きな時間に書け、また受け取った相手もそれを好きな時間に読むことができるのはメールの大きな魅力です。

忙しい業務の中で時間を有効に使いたいビジネスパーソンにとって、緊急でない連絡や報告を伝えるには、これ以上のものはないでしょう。

また、証拠として保存できる、もしくはあとで参照できるというのもメールが電話よりすぐれている点です。ちょっとしたアポイントなどについてはメールで連絡しておくと、行き違いがなくなります。

こうした要素が必要なときはメールの出番になります。

この章では、こうしたメールのメリット・デメリットをふまえた上で、正しい使い方について解説していきます。

7-2 返信メールには優先順位をつける

メールの返信に手間をかけすぎない

私がメールにかける時間は毎日、4時間は下りません。多いように感じるかもしれませんが、これは現代のビジネスパーソンの平均とほぼ同じだそうです。

昨夜届いたメールへの返信、こちらからのメールの発信など、メールに対応するだけでたちまち時間が過ぎます。「こんなに時間をかけていられない」と自分でもイライラするほどです。

受信件数が多いとすべてのメールに即返信はできません。1日置いてしまうと、次々にやってくるメールに埋もれて不義理をしてしまうこともしばしばです。限られた時間に処理することを考えると、**優先順位をつけて返信**しなければなりません。

毎日何通もやってくるメールの内容は、社内の連絡用60％、社外とのコミュニケーション35％、その他5％程度です。

社内用が6割を占めていますので、できるだけ端的で手間をかけないことを原則に、次の3点を心がけています。

①基本的に24時間中の返信を目標に端的な返信を早くすること
②身内へのメールなので、凝った挨拶や敬語は不要
③「ひと目読み」ができる簡潔なわかりやすい文章で、3行程度にまとめる

私の返信の優先順位

ここで参考までに、私自身の返信の優先順位をご紹介しておきます。基本的に、私はCCメールBCCメールは後回しにし、緊急性の高いものから優先して見るようにしています。

①至急・緊急メール（件名に「至急」「緊急」などがある、または感じられる）
②クライアント関連メール（とくに取引が発生しているもの）
③問い合わせ・確認メール（出席確認等、返信を求められているもの）
④社内の報告・業務連絡（日常業務の各種連絡）

ただし、この優先順位は、企業の性質や役職などによっても変わってくるでしょう。

いずれにしても、大切なのは**自分の中にはっきりと基準をつくり、それに従う**ことです。

7-3 ビジネスメールの「型」を覚えよう

ビジネスメールの基本構造は次のとおりです。

①宛先（To、CC、BCC） 1対1でやりとりをする場合は、「宛先（To）」欄、宛先以外の人に同時に送る場合は「CC」、または「BCC」欄を使います。

②件名 メールを開かなくてもひと目で内容と目的がわかるよう具体的に書きます。

③宛名 相手の「会社名＋部署名＋役職名＋名前」を正式名称で書きましょう。

④最初の挨拶 書き出しの挨拶です。誰からのメールなのかわかるように、「□□株式会社○○と申します」と名前を入れます。

⑤用件 メールの要となる用件を伝える部分です。相手がわかりやすいように配慮した書き方をしましょう。

⑥最後の挨拶 ここは用件につづく文で、文章をまとめて締めくくる部分です。きちんと締めくくることで、メール全体がまとまり完結します。

⑦署名 会社名、住所、郵便番号、電話番号、ファックス番号、URL、メールアドレスなど、名刺と同等の基本情報を入れます。

■メールの基本構成を知ろう

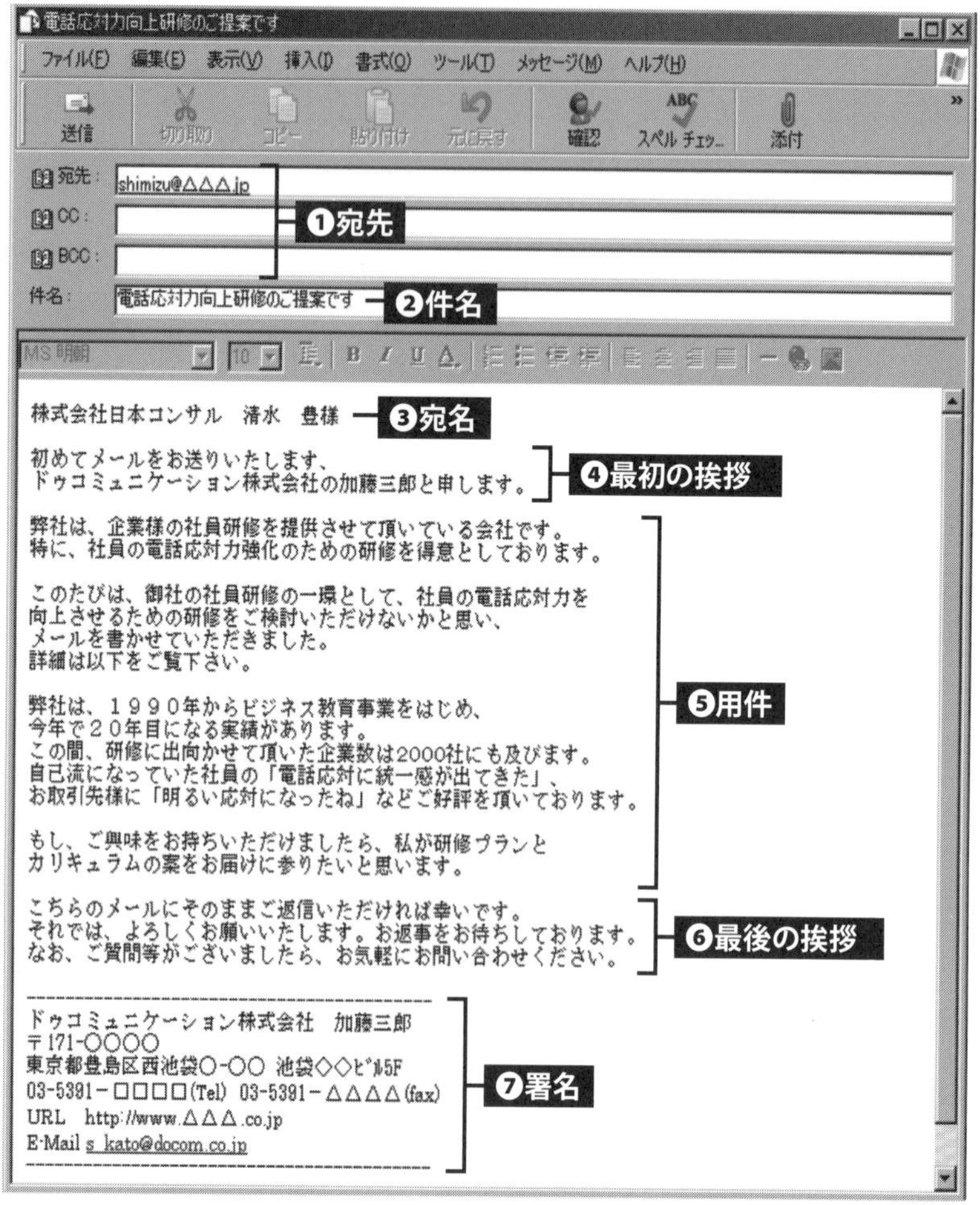

株式会社日本コンサル　清水　豊様

初めてメールをお送りいたします。
ドゥコミュニケーション株式会社の加藤三郎と申します。

弊社は、企業様の社員研修を提供させて頂いている会社です。
特に、社員の電話応対力強化のための研修を得意としております。

このたびは、御社の社員研修の一環として、社員の電話応対力を
向上させるための研修をご検討いただけないかと思い、
メールを書かせていただきました。
詳細は以下をご覧下さい。

弊社は、１９９０年からビジネス教育事業をはじめ、
今年で２０年目になる実績があります。
この間、研修に出向かせて頂いた企業数は2000社にも及びます。
自己流になっていた社員の「電話応対に統一感が出てきた」、
お取引先様に「明るい応対になったね」などご好評を頂いております。

もし、ご興味をお持ちいただけましたら、私が研修プランと
カリキュラムの案をお届けに参りたいと思います。

こちらのメールにそのままご返信いただければ幸いです。
それでは、よろしくお願いいたします。お返事をお待ちしております。
なお、ご質問等がございましたら、お気軽にお問い合わせください。

ドゥコミュニケーション株式会社　加藤三郎
〒171-○○○○
東京都豊島区西池袋○-○○ 池袋◇◇ﾋﾞﾙ5F
03-5391－□□□□(Tel) 03-5391－△△△△(fax)
URL　http://www.△△△.co.jp
E-Mail s_kato@docom.co.jp

7-4 必ず開けられる「件名」の書き方

こんな件名では開封されない

メールには趣旨に合った件名をつける必要があります。

「こんにちは」「ご無沙汰してます」「お元気ですか」「お世話になっております」等の挨拶言葉だけのものや、「先日の件」「ご報告です」「お問い合わせの件」「ご相談」「お礼」等、漠然としたもの、「田中です」と発信者の名前のみのものなどをよく見受けますが、これではいけません。

とくに1日にたくさんのメールを受け取るような人は、送信者と「件名」だけを見て、すぐに読むべきメールとそうでないものを分けてしまいます。件名に工夫が足りないために、読むのを後に回されてしまうというのは、よくあることなのです。

件名は具体的に

後回しや削除されず確実に開封してもらうためには、「件名」に工夫と配慮が必要です。

そこで件名は次の3つのパターンを意識してつけるといいでしょう。

①「何の」用件なのかを書く

「販売会議」「新製品ご案内」「忘年会のお知らせ」

②「いつの」用件なのかを書く

「11月1日の」「明日の」

③「どうしたいのか」を書く

「〜のご確認」「〜のお知らせ」「〜のご連絡」「〜のお礼」

共通することは、「できるだけ具体的に」ということです。「新製品発売について」と書くより、何の新製品なのかを一歩踏み込んで書くようにするのです。以下は上手な件名の例です。

- **「第2回販売会議の議題について」**
- **「11月1日新発売　会計ソフトのご案内」**
- **「平成21年忘年会のご案内」**
- **「新製品○○発表会（11／20）のお知らせ」**

このような件名であれば、読む側もひと目で判断できます。件名は、本文にくらべておざなりにつけがちですが、メッセージ性の強さをもたせる工夫が必要なのです。

7-5 ビジネスで一般的な「宛名」の書き方

メールの冒頭は「宛名＋挨拶」を入れるようにします。

挨拶の前の相手の名前についてですが、これは必ず書くようにしましょう。

いきなり本文というメールもありますが、これだと誤って他の人へ送信した場合、受け取った相手が間違いメールかどうか判断できずに困惑してしまいます。

ビジネスのメールですから、当然、宛名には敬称をつけます。

敬称には、「様」「殿」「先生」などがありますが、**ビジネスメールでは「様」が一般的**です。私は、相手によって「様」が堅苦しいと感じるときには、「さま」とひらがなで書き、柔らかい印象にしています。懇意な相手には「さん」と書くこともあります。

「社長」「部長」「課長」などの役職名は、そのまま敬称になります。敬称だけでは抵抗があるという場合には、「△△株式会社　総務部長　小田良平様」と**「役職＋相手の名前＋様」**というパターンで書くようにするといいでしょう。

「CC」で複数の人に同時にメールを送る場合は、名前を書き連ねる必要はありません。「各位」を使いましょう。「各位」には、「殿」「様」をつける必要はありません。

7-6 相手に親切な「挨拶」と「名乗り」の書き方

挨拶の定型文をストックする

挨拶は、日頃の取引や協力についての感謝の言葉にします。

社内、社外等によっても使い分ける必要があります。基本的には電話の場合と同じと考えていいでしょう。

一般的には、「**いつもお世話になっております**」ですが、午前中10時半くらいまでは、「**おはようございます**」なども感じがいいものです。何パターンかストックをもっていれば、挨拶もマンネリになりません。次ページの挨拶の一覧を参考にするといいでしょう。

初めての相手には「名乗り」を入れる

メールは、誰からのメールなのかわかるように、最初に名乗るのが一般的です。

とくに普段と違うアドレスからメールを送る場合や、初めての相手の場合には必須になります。

■メールの挨拶一覧

一般的な挨拶
おはようございます。
いつもお世話になっております。
こんにちは、大下です。
ご連絡いただきありがとうございます。
この度はお世話になります。
フォーマルな挨拶
いつも大変お世話になっております。
日頃 (平素) は格別のお引き立てをいただき、御礼申し上げます。
平素は格別のご高配 (ご支援) を賜り、厚く御礼申し上げます。
しばらく連絡を取っていなかった場合の挨拶
お久しぶりです、横山です。
大変ご無沙汰しております、今井です。
以前、○○の件でお世話になった田中です
社内の挨拶
お疲れ様です。
総務部の佐藤です。

初めての相手に送るメールの場合、まず「社名」「部署名」や「自分の担当する役割」「名前」を明らかにします。その際、「はじめまして」**「初めてご連絡いたします」**などのフレーズを添えるようにします。

具体的には、以下のようになるでしょう。

「初めてご連絡をいたします。○○株式会社営業部の川本と申します」

「はじめまして。○○株式会社　営業部　川本と申します」

「突然のメールで失礼いたします。○○株式会社　営業部の川本と申します」
「△△社山本様からご紹介いただきました○○株式会社　営業部川本と申します」

こちらから、いきなりメールを送るような場合には、「御社のホームページを拝見し〜」「雑誌で取り上げられているのを拝見いたしまして〜」と**メールを送るに至った経緯を添えておく**と、相手の警戒心もだいぶ和らぎます。

また、名乗り方自体も相手との関係性や状況によって使い分ける必要があります。

- **「藤山です」**→社内メールや親しい間柄
- **「㈱秋田椿台の藤山です」**→ビジネスでの一般的な名乗り方
- **「㈱秋田椿台　営業部の藤山清でございます」**→社外向けに礼儀正しく名乗る場合
- **「㈱秋田椿台　営業部の藤山清と申します」**→社外向けに初めてメールをする場合
- **「㈱秋田椿台で営業を担当しております藤山清と申します」**→社外向けに初めてメールをする場合や一般的な自己紹介
- **「東部サービスの井上さまからご紹介いただきました、山本太郎と申します」**→紹介者がいて、社外向けに初めてメールをする場合

こうした使い分けをすることで、相手もこちらとの関係性を一目で知ることができます。相手にとっても親切なメールになるのです。

7-7 「用件」の書き方の基本ルール

メールならではの文章術を身につける

メールの文章はただでさえ読みづらいもの。忙しい相手に負担をかけないよう簡潔でわかりやすい文章を書かなければなりません。画面上で読まなければいけないメールが、長々と書かれていると読む気にならないものです。

そこで1文をできるだけ短くし、**結論から先に書くこと**。決まったフレーズを使い回すのも賢いメールの書き方です。とにかく相手にとっての読みやすさ・わかりやすさを最優先に考えること。以下は、読みやすいメールの書き方の基本ルールです。

①目的を冒頭に

「**○○の件で問い合わせをいたしました**」「**○○をお聞きしたくて、ご連絡させていただきました**」と最初に書くことで格段にわかりやすくなる。

②文章は左寄せ

文章はすべて左寄せが基本。中央寄せなどにしても、受信側のパソコン環境により、配置が狂ってしまうため、最初から左寄せがよい。

③行頭をそろえる

最初の1字も改行の1字も下げたりしない。行頭をそろえたほうが読みやすい。

④行間を適度にあける

モニター上の文字は目が疲れるので、少しでも読みやすいように、意味のまとまりごとに1行あけること。2～3行ごとのまとまりで分けると読みやすい。

⑤1文は50字以内

また、改行もゆとりをもってするとよい。1文は50字以内、1行は30字以内を目安に折り返すのが適当。意味の変わるところ（読点ごと）で改行してもよい。

⑥できるだけ数字で書く

誤解を招かないよう、できるだけ具体的な数字で書くようにする。相手の計画が立てやすい、仕事の見通しが立つなどの利点がある。「**できるだけ早めに返信します**」は「**6月1日までには返信します**」、「**長期出張**」は「**2週間の出張**」など。

⑦「、」を適度に入れると読みやすい

読点は多くても少なくても読みにくいものです。いわゆる手紙とは違うので、テンポよく読み進むことができるよう、手紙よりはやや多めが読みやすいでしょう。

7-8

用件の書き方①
プロの「お詫び」の書き方

お詫びのメールは正確な情報に基づいて

お詫びメールを出すのは、商品の発送や納品の数量を誤ったときや、社員の接客態度が悪かった場合など、こちらのミスで相手に迷惑をかけたときです。

ただし、迷惑をかけたことへのお詫びは必要ですが、ただ謝ればよいというのではありません。メールは記録に残るものですから、まずは迅速に事実関係を調査し、**正確な情報に基づいて事後処理の方法を具体的に書く**ようにしましょう。

【件名】**当社従業員の不始末へのお詫び**

小島 一郎 様

株式会社○○横浜店　店長の井上と申します。

日頃は格別のご愛顧を賜り、厚くお礼申しあげます。

①

さて、このたびは、当店の従業員がご迷惑をおかけしましたこと、深くお詫び申しあげます。私の監督不行届のためにご不快な思いをさせてしまい、弁解の余地もございません。

②

すでに当人には厳重な注意を与え、心より反省しております。なにとぞご寛恕のほど、お願い申しあげます。

今後は、二度とこのようなことのないよう、従業員教育を一層徹底して参る所存です。心苦しい限りではございますが、今後とも引き続きご利用のほどお願い申しあげます。

③

後日改めてお詫びに伺いますが、まずは略儀ながらメールにてお詫びを申しあげます。

④

このたびはご迷惑をおかけし、まことに申し訳ございませんでした。

謝罪メールは4つのポイントを押える

①謝罪

何よりも一番はじめに謝罪の言葉を入れるようにします。

②事実関係を記す

ごまかさず率直に書くようにします。事実関係の調査に時間がかかるときにはその旨を伝え、追って報告をします。情報を共有し相手を安心させることが先決です。必ずしもこちらだけに責任があるわけではないケースもありますが、そのときには感情的にならないよう事実関係をていねいに説明するようにしましょう。

③善後策を示す

当然できるだけ具体的に書くようにします。また本来、お詫びをメールで行なうことは失礼なことです。その場合、「略儀ながら」を入れることで、それを自覚していることを伝える配慮が必要です。深刻な場合には、手軽にメールですませるわけにはいきません、すぐに電話を入れる、直接訪問するなど丁重に謝罪しましょう。

④もう一度謝罪する

最後にもう一度ダメ押しの謝罪をするようにします。

■お詫びのフレーズ集

冒頭の謝罪
この度は大変申し訳ございませんでした。
この度は不手際があり、大変申し訳ございません。
お詫び申し上げたくメールをいたしております。
具体的に謝罪
この度、弊社の不手際がございましたこと、深くお詫びいたします。
この度は、弊社からの配送物に破損がありましたこと、まことに申し訳ございませんでした。
今後の決意と善後策
このような不手際がないよう、今後十分注意いたします。
今回のことを踏まえ、今後は一層注意してまいります。
このようなミスが二度と起きないように、確認を徹底していきたいと存じます。
担当者全員で作業工程の見直しを行い、再発防止に努めます。
締めの謝罪
メールで恐縮ですが、重ねてお詫び申し上げます。
どうぞお許しの上、今後ともお引き立てのほど、よろしくお願い申し上げます。
取り急ぎメールで失礼致します。後日お詫びにうかがわせていただきたく存じます。
このたびはご迷惑をおかけし、まことに申し訳ございませんでした。

7-9 用件の書き方②
プロの社内連絡文の書き方

社内向けのメールは簡潔さがポイント

会社の中では日常的にさまざまなメールが飛び交っています。

上司から部下への指示、課長から上司への報告、他部署への問い合わせや連絡、さらには歓迎会や送別会、社員旅行から忘年会のお知らせなどなど。

こうした社内メールは、いわば「身内」へのもの。最小限の礼儀は必要ですが、社外に送るような儀礼や凝った挨拶文は不要です。

社内メールの目的は、確実な「報告」と「連絡」に尽きます。ていねいさより、ストレートに用件が伝わる簡潔な書き方が求められるのです。

極端な言い方をすれば、「用件が伝わればいい」ともいえるでしょう。だからこそ、**必要事項が抜けていないか、曖昧な部分がないか**ということが大切です。

また、社内向けとはいっても、あくまでビジネス上のものです。個人情報や世間話など必要以外のことを書いてはいけません。

以下に社内メールのポイントを3つにまとめてみました。参考にしてください。

①箇条書きにする

読み手がパッと見て用件が理解できるのがベスト。用件が複数あるような場合は、番号を振るとさらにわかりやすくなります。

②簡潔な文章にする

簡単な連絡事項なら、2～3行、長くとも5行程度に収めるようにしましょう。

③敬語は最小限にとどめ「です・ます」調にする

くどい敬語は読みにくさのもと。「**～してくださいますようお願いいたします**」ではなく、「**～してください**」で十分です。

以上の3点を守れば、まず社内メールとしては合格点のものが書けるでしょう。次ページに、メールの例文を2つ紹介しましたので参考にしてください。

名前や社名など固有名詞の書き誤り、変換ミスがないか、送信する前に必ず一読し、確認する習慣をつけましょう。メールは一瞬で情報を伝えることができますが、同じように間違いも一瞬にして伝わることを肝に銘じておく必要があります。

■会議日程のお知らせ

【件名】11 月の定例販売会議について

営業部各位

営業部の内田です。
11月の販売会議の日程が下記の通り決定しましたので
お知らせします。
事前に資料を確認のうえ、持参してください。

記

1. 日時	11 月 5 日（木） 13：00 ～ 15：00
2. 場所	本社 4F 会議室
3. 議題	・商品「△△△」に関するクレーム対応 ・ボーナス商戦への方向性決定
4. 添付資料	商品「△△△」へのクレームの推移

■社員旅行のお知らせ

【件名】社員旅行のお知らせ

社員各位

総務部の佐藤です。
下記の要領で、社員旅行を実施しますのでお知らせします。
旬のカニをいただきながら、日頃の疲れをいやし、
親睦を深めましょう。

記

1. 日時	11 月 21 日（土） ～ 22 日（日）
2. 集合時間	10：00（厳守）
3. 集合場所	本社ビル受付コーナー
4. 行き先	富山方面（貸切バスにて）
5. 宿泊先	富山観光ホテル http:// ○○○ .co.jp
6. 幹事	総務部 佐藤、渡辺（内線共通 50）

7-10 よい印象を残す「結び」の書き方

締めくくりは印象に残る

よい内容のメールをつくっても最後の挨拶がしっかりしていないと、なんとなくしまりのない印象を与えてしまいます。この最後の印象を決めるフレーズが「結び」です。結びのよし悪しで、その後の成果が変わってきます。

例えば、見積もりを添付ファイルで提出する場面を考えてください。

最後の結びで「**今後ともよろしくお願いいたします**」と書かれているのと、「**精一杯頑張りました。どうかよろしくご検討ください**」と結んであるのを比較してみるとどうでしょうか？

後者だと、「どれどれ、どれぐらい頑張ったのかな」とつい見たくなってしまうのではないでしょうか？

また、普段の何気ないメールの結びに「**最近はめっきり肌寒さを感じるようになってきました。お体にお気をつけて**」などのちょっとした**気遣いのフレーズを入れる**だけでも、

■「結び」の言葉一覧

一般的な結びの言葉
今後とも、よろしくお願いいたします。
ご指導ご鞭撻のほど、引きつづきよろしくお願いいたします。
それでは、お会いできることを楽しみにしております。
最後までお読みいただき、ありがとうございました。
親しい人への結びの言葉
また、近いうちにお会いしましょう。
今度また、じっくりお話ししたいですね。
簡単な報告などの結びの言葉
取り急ぎ、ご報告まで。
用件のみで失礼いたします。
まずはメールでお知らせいたします。

ぐっとよい印象で締めくくることができるでしょう。

こうした最後の結びが与える印象は、あなた自身への好印象として長くつづきます。ビジネスにもよい影響をもたらすこと請け合いです。

メールを最後にどう結ぶかについても、ぜひ工夫を凝らしてみることをおすすめします。

メールは相手の表情や声がわからず、文字だけで感情を読み取らなければいけないため、気持ちや温かみが伝わりにくいツールです。

言葉が足りないと「素っ気ない」「事務的」「冷たい」という印象を相手に与えがちですから、こうしたちょっとした心配りが大切になってくるのです。

7-11

プロのメールの使い方 3つのルール

結論から先に書く

メールはＰＣや携帯の画面であるため、非常に読みにくいものです。そこで、できるだけ読みやすくするための工夫が必要です。

例えば、会合への不参加のメールを見てみましょう。

申し訳ありませんが、当日、午前中は別件で外出しており、
午後からも社内の重要会議が入っております。
ぜひ、先生のお話をお聞きしたいのですが、
あいにく都合がつきそうにないので不参加とさせてください。

このように参加できない理由から先に書きはじめると、だらだらと長くなり、言い訳がましい印象が残ります。

残念ながら、今回は会合に参加できません。
その日は終日スケジュールが詰まっていて、
どうしても都合がつきません。
先生のお話は一度お聞きしたいと思っておりましたので、
機会がございましたら、ぜひまたお声をかけてください。

このように**「結論」⬇「理由」⬇「詳細」**という運びにすると、すっきりとわかりやすい文章になります。相手がもっとも知りたいのは「参加できるかどうか」です。まず参加の可否を述べ、参加できない場合はその理由を簡単に書き添え、最後は「またのお誘いをお願いします」という意味合いの言葉で結ぶと、ぐっとわかりやすくなります。

箇条書きを有効に使う

読みやすいメールは、文字と余白のバランスが適度に保たれているものです。改行や空白、行頭揃え、箇条書きなどの工夫により読みやすくなっているのです。

お手数をかけて大変申し訳ありませんが、

お送りした商品を弊社までご返送をお願いしたいのですが、いかがでしょうか？

このように1文で書いてしまうと、結局、何がいいたいのかわかりません。「が」を使わず、文章を一度切るとすっきりします。

お手数をかけて大変申し訳ありません。
お送りした商品を弊社までご返送お願いできないでしょうか。

とくに、お詫びを表す「申し訳ありません」は「が」でつながず一度文を切り、次の文章につなぐほうがわかりやすく、ていねいな印象を与えます。

また、文章が長くなる場合は、見出しを入れるだけでも区切りがつき、読みやすくなります。行数が5、6行にもわたる場合などに使ってみてください。

ひと目でわかる文章にするには、箇条書きも有効です。例えば、

今度の取材ですが、日時は11月20日の木曜日、10時から約1時間ほど、秋田市△△町12－23－4の株式会社竿灯で行いますので、

総務部の杉山さんを訪ねてください。
なお杉山さんの連絡先の電話番号は、018-XXX-XXXです。

という文章ですと、頭の中で整理しながら読まなければなりませんが、次のように箇条書きにするとひと目でわかるようになります。

今回の取材についての詳細は下記の通りです。
日　時：11月20日（木）10：00～（約1時間）
取材先：株式会社竿灯（秋田市△△町12-23-4）
担当者：総務部　杉山さん（連絡先　018-XXX-XXX）

自分から出したメールは、自分のメールで締める

メールは何往復で終わらせたらいいのか？　などメールへの返信の基準は、みなさん悩むところです。

私自身のメール返信の基準を参考までに示すと次ページのとおりです。

①自分から出したメールは、自分のメールで締める

もらったメールには返信するのが基本ですが、お互いに来たメールに必ず返事を書いていれば永遠に終わらないことになります。

そこで自分から出したメールの目的が達成すれば、それに対するお礼という意味を込めて「ありがとうございました」と感謝のメールを出して終わらせるようにします。

その後に相手から再度メールが来ても、質問等でなければ返事を書かなくても礼儀に反することはありません。

自分が出したメールに相手からの返信で「一往復」と数えるなら、最後に自分のメールで終わらせ「一往復半」にするようにします。

②お客様からのメールには必ず返信する

「承知しました」「ファイルを確かに受領しました」など、短い1文でも読んだ意思表示をすみやかにします。

③自分から送信してお客様から返信がなくても気にしない

返信がないのは、忙しくて返事をするどころではないか、相手にとって回答するまでもない内容だったということです。

相手からの回答や確認が必要な場合は、直接、電話するほうが確実です。

恩田昭子（おんだ　あきこ）
秋田市出身。日本電信電話公社（現NTT）に入社。テレマーケティングに従事し、女性の感性を活かせる仕事として1990年に株式会社ドゥファインを設立。2020年、事業拡大および創業30周年を機に会社を分割し、ドゥファインホールディングス（株）代表取締役に就任。2005年「地方自治体におけるコールセンター誘致」の研究でMBAを取得。卒業論文は優秀論文賞を受賞。
（公財）日本電信電話ユーザ協会主催「電話応対コンクール」の審査委員をドゥファイン設立当初から務め、2007〜2009年「東京大会」審査委員長、2009年「全国大会」審査委員長を歴任。
2020年、「千代田ビジネス大賞」で「電話応対能力診断サービス」が評価を受け、千代田区長賞を受賞。現在はこの分野のパイオニアとして、「メール診断」「電話目的別診断」など「サービスの良否を数値で示す」見える化サービスの開発に取り組んでいる。

プロフェッショナル電話力《でんわりょく》 話《はな》し方《かた》・聞《き》き方《かた》 講座《こうざ》

2009年10月10日　初 版 発 行
2021年８月１日　第10刷発行

著　者　恩田昭子
発行者　杉本淳一

発行所　株式会社 日本実業出版社　東京都新宿区市谷本村町３－29 〒162-0845
編集部　☎03－3268－5651
営業部　☎03－3268－5161　振　替　00170－1－25349
https://www.njg.co.jp/

印刷／厚徳社　　製本／共栄社

ISBN 978-4-534-04624-6　Printed in JAPAN